满天星

——让学生都成为最好的自己

毕建英　著

中国海洋大学出版社

· 青岛 ·

图书在版编目（CIP）数据

满天星：让学生都成为最好的自己 / 毕建英著. --
青岛：中国海洋大学出版社，2023.9

ISBN 978-7-5670-3590-4

Ⅰ. ① 满… Ⅱ. ① 毕… Ⅲ. ① 小学－班主任工作
Ⅳ. ① G625.1

中国版本图书馆CIP数据核字（2023）第163489号

出版发行	中国海洋大学出版社

社　　　址	青岛市香港东路23号	邮政编码	266071

出 版 人　刘文菁
网　　址　http://pub.ouc.edu.cn
电子信箱　184385208@qq.com
订购电话　0532-82032573（传真）
责任编辑　付绍瑜　　　　　　　　电　　话　0532-85902533
印　　制　日照日报印务中心
版　　次　2023年9月第1版
印　　次　2023年9月第1次印刷
成品尺寸　170 mm × 230 mm
印　　张　11
字　　数　175千
印　　数　1～1 000
定　　价　49.00元

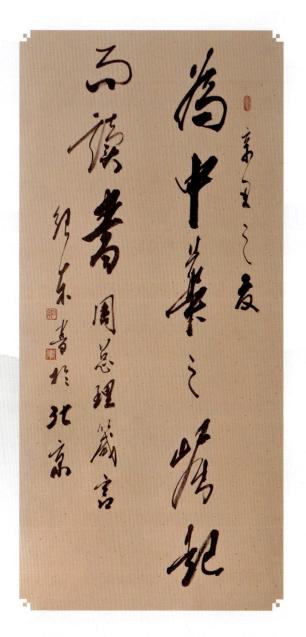

纪东

周恩来总理生前秘书。少将军衔。现任周恩来邓颖超研究中心顾问、周恩来思想生平研究会副会长。著有《非常岁月——周恩来总理最后的八年》。

段略侧

知名学者,季羡林先生的生前挚友。《红旗画刊》原总编辑助理,《中华传统美德丛书》主编。现任中共山东省委党校特聘教授、中华传统美德研究中心主任兼首席专家。

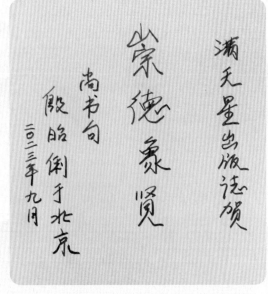

满天星出版志颂

崇德象贤

尚书句

段略倒于北京

二〇二三年九月

李锡禄

山东省政府办公厅原党组成员、纪检组长、监察专员。现为中国硬笔书法山东工作委员会名誉主席、山东羲之书画研究院名誉院长。

毕建英工作室

李锡禄

序 ◀

　　25 年前，我带着一定会成为一个好老师、学生喜欢的好老师的梦想，斗志昂扬、信心百倍地来到一所乡镇小学。那时候，每节课都能听到孩子们的欢声笑语，每节课课后总能和孩子们玩成一片，我是名副其实的孩子王。孩子们老远看见我就会大喊着："老师……老师……"一边叫一边跑过来抱住我。正当我心中充满初为人师的喜悦时，学生成绩的几度失利，让我感到无助、迷茫，让我不知所措。

　　后来，我一改先前宽松的教学氛围，也开始板起脸来，课上狮吼般地批评，课后偏执地斥责，于是，我的课堂安静了，但是课后与学生的嬉笑声没有了，学生对我也是敬而远之……

　　事情的转机出现在 2012 年我接触了积极心理学之后，我的班主任工作柳暗花明。积极心理学倡导的是心理学的积极取向，研究重点在于帮助普通人培养积极的心理品质，是从"好"到"更好"的过程，更适合于我们的学生。我豁然开朗：如果先前认为好老师的标准是负责任，那么现在我认为好老师的标准就是帮助孩子成长为更好的自己。

　　马斯洛的需求层次理论也提出，每个人都有生理、安全、社交、尊重和自我实现的需要。是啊,每个孩子都有着鲜明的个性,他们是有思想、有情感的人,不是学习的机器。于是,我在班级管理中从绘本故事、心理效应和体验游戏 3 个维度,从自我、适应、学习、情绪、人际 5 个主题领域实践,有效地把道德认知内化为积极的行为。

随着实践的深入,我的工作渐入佳境。我发现自己开始出现在了孩子们的眼睛里、文字里、言语里,我成了他们离不开的存在。我有了一种"被需要"的满足。

学生欣雨的妈妈曾发给我这样一段话:"老师,欣雨上学以来从来没说过喜欢哪个老师。今天她对我说了一句话,让我高兴了好久。她放学时告诉我:'妈妈,我好喜欢我的语文老师!'我问她:'为什么喜欢语文老师?'她说:'我老师会讲课,会讲故事,还和我做朋友呢!所以,我好喜欢好喜欢她。'听了孩子的话,我深深地被您的大爱所征服,谢谢您——老师。"

满天星的花语是思念、青春、真心喜欢。因此本书我以"满天星"命名。本书一共记录了我与 2022 届五年级三班 45 位学生的 76 个小故事,记录了他们的纯净世界,记录了他们每天开心、伤心、沮丧、有趣的故事,以及我对故事本身的思考。

或许这些故事不是那么精彩,但都是真实发生在我身边的;或许我的思考还不深刻,但却是我学习、感悟、成长的足迹。故事中有埋头苦干时的委屈无奈,有抬头看路时的实践反思,也有仰望星空时的幸福自豪,印证了班主任在每位学生成长道路上重要的引领作用。

我一直走在探索在"星迹"的路上……

目　录 ◀

接力共话心愿景

9月的阳光无比灿烂,9月的天气凉爽适宜。开学第一天,我拿着名单到四年级的 5 个班挨个去领学生。20 分钟后,45 个同学共同组成了全新的五年级三班。

走进教室,相互熟悉的同学或者曾是一个班的同学坐在一块儿,满脸喜色,在一起小声地交谈着。与别人不熟悉的同学则是安静、拘谨地坐在座位上。看到我走进来,教室里立刻鸦雀无声,他们的小腰板儿也悄然坐直,看来都希望给新的班主任留下一个好印象。

"同学们,我姓毕,在接下来的一年是你们的班主任,我们将在一起学习、生活,大家有什么需要老师帮忙的,尽管告诉老师。现在大家还不够熟悉,接下来我们一起进行一个小活动,活动的题目是'新学期心愿景绘画接力团辅活动'。"

"哇——!"刚说完,同学们齐刷刷地一同看了过来,瞬间盯住了我。"现在我们一共有 7 排,相当于 7 个小组,每组发放一张白纸和一盒彩笔。"说着我把白纸和彩笔放在了每一排最前面的同学桌上。"第一位同学画好一个事物之后,就可以把白纸和彩笔依次向后传递,注意喽,每人只画一种事物,只选择一支自己喜欢的颜色的彩笔。"同学们都聚精会神地听着。"现在大家还有什么疑问吗?可以提出来。"

梓裕站起来说:"老师,您说只画一种事物,那数量上也是一个吗?比如说我想画花朵,是不是只能画一朵花?"我走到他面前,把手放在他的肩膀上:"第一天就认识了善于思考的你,我很高兴。画一种事物,数量不限。"我环顾四周。

"老师,多长时间画完?有时间限制吗?"小小个子的跃锡问道。

"问得好,一排 7 个人,一共 60 秒的时间!"

1

"呀,这么短啊!"不少同学又开始窃窃私语。

"怎么,有问题吗?是不是觉得画不完?"

大家直勾勾地看着我,一言不发。

"还有其他问题吗?"

"老师,我们中间有不明白的地方可以交流吗?"珈萱不解地问。

"这个不可以哦,每个人完全凭借对第一位同学画的内容的理解,根据自己的个性添加绘画哦。"教室里再次传来"啊——"的声音,看来难度挺大。"同学们,大家现在还不熟悉,正好可以借此机会看一下默契程度,是吧?"此时大家都摇了摇头,毫无信心。

"那大家都准备好了吗?"我打开手机,点开闹钟进行倒计时。

"开始!"一声令下,每一排的第一位同学立刻打开彩笔盒,拿出一只自己喜欢的彩笔,稍加思索就开始在纸上画了起来。有的画了红红的太阳,有的画了一棵茂盛的大树,还有的画了飞翔的小鸟……

第一位同学画完,立刻把纸和彩笔传递到后面同学的桌上,这时只见第二位同学一边忙着挑选出自己喜欢的彩笔,一边用心观察前面同学画的,整张脸紧绷着,嘴唇也紧紧地抿成了一条线。不一会儿,第二位同学便投入创作中,快速地画着。

就这样,前面的同学画完,依次向后传递给第三位、第四位……一直到第七位。这时闹钟已经响起来。

"请最后一位同学把作品送到你们前排的第一位同学那吧。"不一会儿,第一位同学都收到了他们小组的作品。他们端详着,仔细地看着。后面的同学有的站起来了,有的两只胳膊杵在桌面上,还有的离开座位来到第一位同学的旁边……大家都好奇他们这一小组最后齐心协力完成的作品是什么样子的。

"现在每组的第一位同学观察一下,自己团队完成的接力绘画和自己最初构思的画面一样吗?"7个人只有一个人摇头。

"袁野,哪里不一样?"我走到袁野面前。

"老师,我画了个太阳,是希望我们五年级三班45个同学以后能够相处融洽,同学之间像太阳一般温暖。可是有人竟在上面画了一大片乌云,使整个画面好难看，而且和我最初的想法相悖了。"瞧，袁野有些生气，此时他的眉头皱得紧紧的。

"此时你内心感到不舒服是吧？"

袁野用力地点了点头。

"刚才这一排哪位同学画的乌云，请站起来，好吗？"这时馨雨同学红着小脸儿，慢腾腾地站起来，有些尴尬，"我……你……"支支吾吾也没说出个所以然来。

"别紧张，你说说当时是怎么想的，大胆说没关系。"我安抚道。

"老师，我当时看见画着太阳，寻思有晴天呢，也会有阴天的时候。现在又听了袁野同学说的，同学之间像太阳般温暖，那我想说，其实同学之间也会有摩擦，有矛盾，就像我画的乌云一样，但是矛盾解决之后是不是依然温暖如初，会出现太阳呢？"顿时，教室里响起了热烈的掌声。

"袁野，你听了她的解释，此时你的心情有什么变化呢？"

"嗯，老师，我现在不生气了，有种豁然开朗的感觉。"袁野说着向馨雨投去了带有歉意的目光。

"同学们，其实绘画接力中出现的问题，在现实中也会发生。新的一年，新的班级，老师希望每个同学都能够接纳自己，接纳别人，同时希望每个同学都能用各自的画笔，为我们的班级添色加彩，我们的班级会越来越美好！"

此时同学们的眼睛都亮亮的，对五年级的学习与生活充满了期待，充满了信心。

卫生区

开学第二天，德育处广播召集各班卫生委员到德育处开会，并领取负责的卫生区。不一会儿，卫生委员袁野回来告诉我，班级的卫生区在教学楼的西边甬路上，从教学楼西面的北侧一直延伸到南侧，包括这其中的花坛。我一听，这可是个挺宽阔的地方,到时打扫卫生区得多安排一些人。

坐班车到校早的同学打扫教室地面和走廊的卫生,包括拖地、扫地;随后到校的同学打扫卫生区;而最后到校的同学则负责打扫书包柜、黑板、窗台,摆桌椅,收请假条和作业等。这样,打扫卫生区的同学有 12 人之多。

第一天早上,我 7:30 就到卫生区等着他们,不一会儿 12 人就陆续到齐了,我一句话没说,静静地观察,看看他们怎么扫卫生区。再加上刚开学,我对同学们也不了解,正好趁此机会来了解一下这些同学。

海龙拿了一个垃圾桶跑到卫生区,浩龙、雨辰、文宇、子轩去工具室拿了几把光头扫帚走来了,欣蕊、希雅、文萱拿着笤帚和撮子认认真真地打扫着,齐文、跃锡、卿霖、政霖则空着手,什么也没拿就来了。

只见他们毫无章法地打扫卫生,有的随便从一块地方笨拙地开始打扫。拿扫帚的同学双手握着个头比自己还要高的扫帚,无论怎么动,扫帚都好像和他们作对似的,就是扫不起来。有的三五成群在打扫同一个地方,拿着撮子和垃圾桶的同学因为没有垃圾,更是无所事事,这里溜达,那里走走。

我看了看手表,20 分钟过去了,地面上的杂物一点儿也没有减少。而垃圾特别调皮,同学们好不容易把它们凑成一堆了,结果一阵小风袭过来,一片树叶翻着跟头跑向远处,还在原地嘚瑟几下,硬生生地赖在地面上,就是纹丝不动。走在甬路上进校的其他班的同学见此情景,不禁哈哈大笑起来。

此时海龙跑过去,眼疾手快地把这个树叶拾起来放进了垃圾桶。很快 30 分钟就过去了,卫生区还有一大半没清扫呢。于是我把他们召集在一起:"同学们,现在 30 分钟过去,8 点了,咱们的卫生区还没有打扫完,大家看看,动脑筋想一想,怎样才能提高我们的打扫效率?"

同学们大眼瞪小眼,面面相觑,一筹莫展。

这时欣蕊说:"老师,我们的卫生区垃圾很少,主要是树叶,我们是不是动手捡拾一下就可以了,这样速度就会变快了。"

其他同学转头左看看,右看看,非常赞同欣蕊的建议。

"文宇,你觉得这个建议怎么样?或者你有什么补充的吗?"我看着他。

"老师,我觉得这个建议很好,如果需要改进的话,我们可以再分一分,每人一块儿区域,这样是不是更合理一些?"文字征求着意见,想法正好和我不谋而合,其他同学也都赞许地点点头。

"现在每一位同学自己选择一个位置,然后开始清扫你们选的这个位置,哪儿有垃圾,我就要找这部分的负责人。"大家立刻开始打量着地面,很快达成共识。

欣蕊、希雅、文萱负责草坪的垃圾捡拾,跃锡、文宇、齐文、卿霖、政霖、子轩负责中间甬路的卫生,雨辰负责甬路的两个大垃圾桶,海龙负责最后卫生垃圾的送倒以及每个区域的过关审核工作,浩龙则负责把草坪边儿的水泥路清扫一下。同学们进行了定点定位分工。

"同学们,无论干什么事都是有方法可循的,我们需要在最短的时间内高效完成任务。现在大家都知道了自己的分工,各就各位,5分钟完成任务,可以吗?"

"可以!"12位同学声音响亮、信心百倍地回答。

这次同学们行动快速,很快就把各自的区域打扫完毕。

有了这次的统筹分工,每天早上卫生区打扫得不仅干净,而且迅速。天气越来越冷,枫树的叶子中在冷风中瑟瑟发抖,掉落在地面上的树叶也越来越多。每天早晨一到校,入眼皆是一地的金黄色。打扫卫生区域的同学冻得手都拿不出来了,怎么办呢?

在一节班会课,我带领同学们针对"卫生区树叶大家谈"这一话题进行了大讨论。"同学们,天气越来越冷,咱们的卫生值日除了卫生区外,其他地方都是轮流值日。现在树叶掉落越来越多,对于打扫卫生区的同学来说真是一场考验,大家想想怎么办?"

话题一抛,同学们马上冥思苦想。"来,小组先讨论一下。"

各小组立刻进行了热火朝天的讨论,方案出炉了,最终达成共识:早上经过卫生区区域的同学,每人都去捡拾一些树叶,不论多少,然后把它们带到教室的垃圾桶里。

虽然每天很冷,树叶依然掉落很多,可是在同学们的齐心协力下,我班卫生区却是打扫得最快、最干净的。

班名

新的学期,新的开始。9月开学第一周,根据暑假学生完成作业情况,各班评选了优秀学生、优秀家长。

第二个周的周一课间操国旗下讲话时,学校举行了优秀学生、优秀家长的颁奖典礼。我班优秀家长代表珈萱妈妈上台领奖时,我班学生鼓掌鼓得特别热烈,生怕别人不知道这是自己班的家长。回到班级,班上的同学纷纷向珈萱同学表示祝贺,说看见她妈妈上台领奖了。看孩子多有班级荣誉感!

是呀,班级是全班同学共同的家,那怎样才能形成这样的一个凝聚力强、相亲相爱的大家庭呢?

我们都知道,班级信念是班级全体成员价值取向、精神风貌的反映,是班级文化建设的核心,而班级信念的确立,可以通过班级文化的建设,让全体成员有一个精神的凝聚点,增强班级的凝聚力和学生的内驱力。所以每学年接手一个新的班级后,除了本来的班名,我还会让全班同学给班级起一个个性化的班名。

开学第二周的周一班会,我快步走进教室。同学们一看到我,立即两手摆放在桌面上,小腰板挺得直直的,端端正正地坐着。

"同学们,你们喜欢五年级三班吗?"我开始循循善诱道。

"喜欢!"他们本来坐直的小腰板开始松动起来。

"我觉得我们班很温暖,同学们之间也很和谐。"岚清同学站起来轻柔地说道。

"哦?具体说说?"我走到她跟前。

"我每天早晨出去训练时,收作业、打扫卫生的任务靖翊同学主动帮我干了。"

"你以前和靖翊同学认识吗?"

"不认识,我们不在一个班。"

"看吧,短短一个周,你就感受到了同学间的温暖,这也说明你不仅善于观察,也是一个懂得感恩的同学。"

"你喜欢吗？"我示意竹丽。

"喜欢，我觉得我们班班风特别好，下课的时候同学们都喜欢在座位上静静地看书，不会的问题都争先恐后地问老师。"孩子的眼睛是雪亮的。

"大家想让我们班变得越来越好吗？"

"想！"同学们不谋而合。

"从同学们响亮的声音中，我能感受到大家的主人翁精神。那接下来交给每个主人翁一个重要的事情。"我的话还没有说完，靖凯同学就打断了。"老师，什么重要的事情您尽管说。"说着他还撸起了袖子，跃跃欲试，让我哭笑不得。

"这个重要的事情就是给咱们五年级三班起个个性化的班名。"我郑重宣布。

"老师，您是说咱们班要有两个名字吗？"靖凯又追问道。

"对呀，你理解得非常正确。我们班级就像每个同学一样，有大名也有小名。"我笑吟吟地说。

这时下面开始窃窃私语，有的同学抓耳挠腮，有的同学则静静地看看这个，看看那个，一时都不知道起个什么名字。

"同学们不用着急，老师会给大家一周的准备时间，下周一咱们再交流。大家可以互相讨论，当然也可以回家和爸爸妈妈一起讨论，老师看看下周一谁的金点子能全班通过，老师拭目以待哦。"

接下来的班会时间，同学们就俩人一伙儿、四人一组，说着自己的想法，把班级主人翁的精神发扬得淋漓尽致。

时间一天天过去，每天都能在教室里、餐厅里、放学的路上看到同学们讨论班名的情景。终于迎来了下一周的班会课。

"同学们，来，各小组先分享交流，一个小组确定一个班名，没有达成共识前，要有理有据地说服其他同学哦！"瞧，每个同学都在据理力争，试图说服小组其他成员采纳自己的建议。不一会儿就见被采纳的同学红光满面，没有被采纳的同学则有些许失落。

"来，各组小组长上来分享交流你们组的班名，并简要说明理由。"我拍手道。

"老师,我们组的班名是'孙悟空',象征着我们五年级三班奋发向上,积极进取,遇到困难,不退缩。而且孙悟空是我们喜欢的卡通形象,是四大名著之一《西游记》里面的人物,比较有内涵。大家会唱《西游记》主题曲吧,我们组刚才还一致决定把歌词改了,改成五年级三班的班歌了。"梓裕边用手比画,边侃侃而谈。"致成,你来唱一个。"致成站了起来,做着孙悟空的动作,一会儿抓耳挠腮,一会儿左腿直立,右腿盘膝,同时口中唱道:"猴哥,五三,你真了不得,一个年级六个班,蹦出个孙行者……"致成这么一段儿即兴表演,逗得大家眉开眼笑,直鼓掌。

"这个小组想得全面、高大上。下一组展示。"结果谁都没有起来,表示都同意这个组。五年三班的另一个名字最终一致确定为"孙悟空"。

学生精心设计的班名给班级赋予了新的内涵,化为班级每个学生成长的动力。

班级公约

开学一个月后,也许同学们都已经相互熟识了,也许大家都感觉自己已经融入五年级三班的大家庭了,国庆7天小长假回来,班级里活跃的身影明显多了许多。

"老师,刚才去餐厅吃饭的路上,一航和前面同学说话,被德育处老师抓到给班级扣分儿了。"吃完饭回来,袁野告诉我。

"老师,中午午睡时,靖凯和威龙不遵守纪律,被督导队员抓到扣分了。"馨雨午睡起来对我说。

"老师,咱们班朝杰和子轩打起来了,你快去看看吧。"浩南老远地向我跑来,大喊道。

"老师,雨辰拿着玩具、卡片和零食上学,被抓住了。"钰涵告诉我。

…………

哎呀,五年级的学生了,还有不到一年就要升初中了,还管不住自己,得老师天天在屁股后面跟着才行。

无规矩不成方圆,学校的明文规定对学生的约束作用微乎其微,那自己班制定的班级公约效果怎么样呢?让学生参与班级公约的制定是否能让学生逐渐学会自我管理?在一番思索之后,我准备在下次班会课上进行班级公约的制定。

很快就到班会课的时间了,我走进教室。"同学们,今天这节班会课我和大家一起商量一下,制定班级公约。"话音刚落,全班哗然,安静的教室顿时变得喧闹无比。同学们叽叽喳喳,兴奋不已,看来这个话题大家都非常感兴趣。

"大家安静,"我敲了敲桌子,教室里再次安静下来,"同学们,下面大家每人拿出一张纸,根据自己平时的观察,把你认为对同学和班级有帮助的公约写下来,每人写几条。开始吧。"同学们拿着笔,思索了一会儿,拿起笔窸窸窣窣地写了起来。

20分钟过去了,大家逐渐停下了手里的笔。

"现在小组4人一起把每人写的公约进行讨论、筛选、合并,确定本小组的班规。开始!"

每个小组都在热烈地讨论,有的同学在拿着纸读着自己写的班级公约,有的同学在侧耳倾听着,还有的同学在为筛选哪一条争得面红耳赤……讨论的声音渐渐小了,不一会儿工夫,各小组已达成共识。"哪个小组想率先交流?"

芮麟站起来。"老师,我们三组先交流,我们小组制定的班级公约是这样的:一、不能迟到,没完成作业的同学,作业加倍;二、课前要做好准备工作,不能等到上课现准备;三、每人上课要发言一次以上;四、看见垃圾要主动拾起来;五、不能打架、说脏话……"

"来,其他组继续。"我示意道。

这时则荥站了起来,"老师,我们六组制定的班级公约是:一、早晨能按时到校,弯腰动手捡拾垃圾;二、预备铃响后,我能立刻回到教室,做好上课准备;三、上课时我能积极发言,努力每天取得进步;四、下课时,我会摆好下节课的书本,再进行课间活动;五、晚上我能按时回家,认真完成每一科的作业……"

"同学们，听了这两个小组的发言，你有什么感想？"

"老师，我认为三组同学用的否定词感觉有强制性，让人听了不舒服。而六组同学的就没有那种不舒服的感觉。"馨语说道。

"也就是说，在写班级公约的时候，要少用禁止的词语，多用鼓励性的词语，说得好！"我赞扬道。

"我觉得六组同学制定的班级公约按照从早到晚的顺序写，便于记忆。"欣蕊说。

"对呀，这样显得有条理，便于记忆。你真是火眼金睛。"我朝她竖起了大拇指。

"老师，受六组的启发，我觉得首先每条要简练，让人一看就懂，而且指令很清晰，我们一听就知道要做什么。"亚轩说。

"说得好，这就是班级公约，具有可操作、易操作的特点。"我拍了拍亚轩的肩膀。

"那大家还有补充的吗？"我接着问。

"老师，这两个小组的公约我们组也涵盖了，我觉得还可以再加上睡前读书、完成作业、做一些家务活的内容。"艺菲说。

"老师还可以在最后加一句口号，这样我们可以朝着那个目标努力。"跃锡补充道。

"大家说得太好了，这样我们在六组同学制定的公约的基础上，再补充上刚才艺菲和跃锡同学说的，这样班级公约就会更全面、更细致了。当然，班级公约的内容也不是一成不变的，后面还可以根据班级每个阶段的情况进行相应的调整，解决班级中暴露出来的新问题。接下来，班长把各小组公约收齐进行合并，通过之后我们要张贴在墙上，大家能做到吗？"

"能！"同学们的声音铿锵有力。

"囚笼"里的男孩

刚接手五年级三班的时候,因为个子高,他主动坐在教室南面靠窗的最后面。课间操排队的时候,又因为个子高,所以他排在队伍的末尾。我当时没记住他的名字,"高个子的那个同学"成了他的代名词。

后来上课的时候,我屡屡发现一时没关注他,他就会把头转向窗外,目不转睛地盯着窗外看。有时我会从北排悄悄绕到他那排,站到他身后,顺着他的方向往外看。能看到什么?我只能看到前面文昌中学的高楼一角,除此之外也看不到什么了。既然窗外没有什么诱惑的事物,难道我的课堂他不喜欢?有时看到他走神,我会在讲台前故意提高声音,他就会惊得全身抖动一下,转头继续听讲了。但每当他望向窗外时,那种神态,那种感觉就像是他被关在牢笼里,目光中充满着对自由的渴望,对窗外世界的憧憬。于是这样我记住了他的名字:旭昌。

再后来,有一次课间操,他四年级时的班主任告诉我,这个孩子家里条件很好,旭昌还有个姐姐。对于这个儿子,爸爸妈妈格外宠溺,简直达到了有求必应的程度。旭昌在四年级时,因为晚上的家庭作业数学题没做完,被数学老师狠狠地批评了一顿,结果旭昌爸爸不依不饶,并放话没有指望孩子将来考个大学,他爱怎么学就怎么学,不用老师管。

听了原班主任的话,我顿时一阵无语。

又有一次,他的目光望向了窗外,这次我二话没说就走到了他桌子旁,他惊醒过来,立刻装模作样地开始听讲。于是我把他由最南边靠窗的位置调到了最北面没窗的位置,和一位性格比较活泼的女生坐在一起。

也许是因为旁边坐着女生,他知道要注意自己的形象了;也许是每次望向窗外,我都给他留了足够的面子,他察觉到了老师对他的尊重;也许是因为北面没有窗户,他也没有机会再把头扭向窗外。这之后,我发现每次上课他坐得都特别端正,注意力特别集中,好像变了个人似的,一双眼睛炯炯有神地望着前方,特别有精神。渐渐地,他的课堂默写错得少了,课堂检测越来越有进步。

11月的一天晚上,他妈妈打电话说因为家里开的公司由文登迁到荣成了,考虑到他在文登上学不方便,想转学到荣成,领着他去看看新学校,所以特意请假。

第二天下午旭昌就回到学校,我又接到他妈妈的电话:"老师,我们今天来到荣成的一所小学,离家比较近,这里就 30 个孩子。旭昌看了之后很不满意,说人数太少,教室太破,同学也都不认识,不喜欢这个学校,不想转学,这样我们就不转学了。每天早晨我送他上学,我再回荣成,放学时我再从荣成来文登接他。"

放下电话,我把他叫到走廊上,悄声问他:"刚才听你妈妈说你不转学了,为什么不转?能听听你不转学的原因吗?"

这时旭昌拽了拽耳朵,瞬间耳朵红了,脸也红了:"老师,我对学校都熟悉了,不想转学,而且同学对我也好,老师对我也好,我喜欢这里的每一个老师和同学。"

我把手搭在他的肩膀:"谢谢你对老师、同学的喜欢和肯定。今天上午你没来,很多同学都问我你去哪了,今天为什么没来,关心你是不是病了。然后我告诉同学们你要转学了,大家都'啊'的一声,可舍不得你了。"旭昌听了我的话,眼睛亮亮的,是前所未有的亮。从那以后,旭昌铆足了劲儿地学习着、进步着,脸上的笑容也越来越多,越来越自信。

没过几天,旭昌妈妈再次打来电话说江苏老家出了点儿状况,一家三口要连夜赶回江苏,特意给旭昌请假,希望老师每天晚上把布置的作业传到 QQ 群里。本来请了一周的假,结果又因为疫情,足足请了三个周的假,等到旭昌回到文登时,所有的学校又因为疫情居家上网课了。我本来还担心旭昌三个周没上学,成绩会有所下降,但是看着电脑前的旭昌坐得那样端正,依然是那样精神头十足,我那忽上忽下的心刹那间稳住了,这样努力上进的孩子,我要信任他。

回来第二个周,我们进行了寒假前的期末考试。成绩出来后,我看到原本四年级分班时刚刚及格的旭昌这次语文竟然快到 80 分了,那一刻我感受到了尊重的力量、信任的力量。

优秀翻译

桂平，一个皮肤白皙的男孩，脸上长着几个俏皮的小雀斑，一副憨态可掬的模样，可是说话时总是囫囵不清，像是嘴里含着一颗糖似的。

一天周五放学时，我把保险单发给每位同学，在班级的 QQ 群里发布了自愿购买保险的消息，并在群里告知家长如何填写单子，要求周一让学生把单子拿回来。

到了周一，我来到教室，同学陆续把保险单交到了讲台上，我最后一统计，发现少了一张。

"哪个同学的保险单没交？"我看着全班同学。

"老师，桂平没交，他站起来了。"袁野小声提醒。

"在哪儿，我怎么没看见哪位同学站起来？"我把目光投到了桂平的座位，只见他的身体使劲地趴在桌上，头抵在桌面上。

"怎么回事儿？桂平？"听到我的问话，他原本白皙的小脸儿，此时红通通的，口齿不清地说："老师，我爸忘了。"

下课时我把保险单拍了照片，单独发给了桂平妈妈，想让家长把信息填出来，我再帮忙填到保险单子上。

一节课，两节课，一直到了放学时间，家长也没有发来任何消息。怎么回事呢？于是放学后我给桂平妈妈拨打了电话，不一会儿电话接通了，是桂平妈妈接的电话。

"喂，老师呀。"桂平妈妈说话口音很重，有些听不清。

"桂平妈妈，桂平这次参加保险吗？"我担心文登的方言桂平妈妈听不懂，于是我用普通话和她交流起来。

"老师……"结果桂平妈妈叽里呱啦说了 20 分钟，我一点也没听明白。

"桂平妈妈，你说什么？我听不清。"这可怎么办呢？心里一顿着急，这时我突然听见桂平进家的声音，太好了，有办法解决了。

"桂平妈妈，你让桂平过来接电话。"我感到一阵窃喜。电话那端传来了桂平的跑步声。"喂，老师。"

"桂平，你问问妈妈刚才和老师说的什么，刚才你妈妈说话方言味太浓，我听不清。"我向桂明说明。

"嗯，好的，老师。"电话那端再次传来桂平和妈妈两人的交流声，我在这端听着他们二人的谈话，真是听不明白。

大约2分钟后，桂平的声音从电话那端再次传来："老师，我妈妈说我爸爸不在家，还在外面干活儿。得晚上七八点才能回来，我妈妈不认识字，没法填表。每天早晨爸爸走得早，爸爸不知道得填写这个表，得等爸爸回来打电话给您。"桂平完整地把他妈妈的意思表述出来了。

"好的，今晚记得提醒你爸爸。桂平真是优秀的小翻译员，以后我和你妈妈的电话沟通，你都要在妈妈身边转述给我，好吗？"我再三叮嘱。

"好的，老师。"桂平答应得很是痛快。

晚上8点多，桂平爸爸打来了电话，电话里不停道歉。通过和桂平爸爸沟通，我得知桂平妈妈不会说普通话，桂平爸爸也没念过书，认识不了几个字。桂平还有个姐姐，现在在上大学，待会儿桂平姐姐加入班级QQ群，以后有什么事儿可以找桂平姐姐。

从那以后，桂平姐姐加入了班级群，因为有桂平姐姐的帮助，桂平所有需要上交的材料没有再出现任何问题。

直到下学期5月份，每位家长需要在网上填报小升初的相关材料。材料员首先对五年级班主任进行相关培训，然后又在一天晚上线上指导家长填报小升初的每一个步骤，家长们可以在一个周之内上报完成。填报流程比较烦琐，需要家长们拍些许材料的照片，包括房产证、户口本、身份证等，我当时心里就替班上几位同学担忧、发愁，其中包括桂平同学。

接下来每天都有家长陆续向我询问该怎样填报。其中桂平妈妈在桂平的转述下告诉我，他们的房子是租的，不是他们家的，但是房东现在不在文登，而在北京，所以小升初的材料要延迟几天才能报完。

又过了几天，桂平妈妈又让桂平告诉我房东的电话老是打不通，问我怎么办，于是我就把桂平的情况上报给学校，由学校统一上报给教育局。

大约一个月后，终于全部上报完成，结果等到8月30日，桂平的妈妈再次打来电话:"老师快开学了,初中学校怎么没通知我们去分班?我听其他同学说,昨天都去分班了。"

我一阵诧异,这是怎么回事?我赶忙安慰了桂平妈妈,马上和学校汇报结果,学校和教育局一查,发现桂平在上报材料的最后一步选择家庭地址的位置时,选择的位置不对,分配到大水泊的紫光学校了,离家特别远。我急忙又和桂平的妈妈沟通,他们表示不懂,但是想到离家近的学校——文昌中学。最后在学校和教育局的统一协调下,这件事圆满解决了。

撕纸

刚开学时,我就听四年级班主任说过,班长梓裕有一个"恶习",上课下课就喜欢撕纸,桌箱、地上到处都是撕完的纸条,就像垃圾堆一样。每次批评他,他反而变本加厉。

有一天第一节课一下课,我刚走进教室,瞥眼望去,只见梓裕静静地坐在位子上,专心致志地撕着纸条,撕得那么匀称,那么小心,就像拿着宝贝似的,生怕撕坏了,撕完的纸条又熨帖地摆在桌面上,他一边摆一边欣赏着自己的战果,周围的一切仿佛静止了。同学们也顺着我的眼神望去,也许是因为周围太安静的缘故,也许是因为眼前忽然出现一大片的阴影,梓裕一抬头,嘴角微张,一副呆愣、憨厚的模样望着我。

"你这是摆了什么图案?我瞧瞧。"我的头探下去。

他抓抓后脑勺,"嘿嘿,瞎摆的,老师。"说着小心翼翼地想把纸条收拾起来。

"嗯,不过你这撕纸的技术挺高的,没个三年五载练不出这个水平,我就没有你这个技术,你能申请专利了。"我拍拍他的肩。

"嘿嘿嘿嘿……"他挠了挠他的小分头,怪可爱的。

果不其然,他的座位下和同桌的交界处都是一片片的纸条。

"呃？这些纸条不要了吗？如果不要啊，老师建议你可以拿把笤帚清扫一下。"我指了指地上，只见他"蹭"地从座位上溜下来，一张张纸条很快就被收拾得干干净净，眨眼间就送到了垃圾桶里。从那天开始，我只要一走进教室，就用眼睛示意一下他的地面，然后他就立刻蹲下来进行座位大扫除，每节课基本上能保证自己的座位干干净净。

一个多月后，发生了胡新宇失踪事件。于是讲课文的时候，我插叙了这样一个片段："当时胡同学打了一个电话给妈妈，告诉妈妈他想哭，她妈妈问他原因，他又没说出来。如果你有情绪不良的时候会怎么做？"

"我一般睡一觉就好了。"桂平说道。

"老师，我会在卧室里大哭一场。"静怡不好意思地说。

我走过去，拍拍她的肩："嗯，咱俩方法一样，我哭出来之后，心情立刻就好多了。"

"老师，我会听听音乐，在卧室高歌一曲，就会让情绪变好一些。"逸昊说道。

"我还会写写日记……"同学们都争先恐后地分享着自己的小妙招。

"同学们，每个人的一生都不可能永远是晴天。不良情绪时有发生，这是很正常的事情。但今天我很欣慰的是同学们在面对自己的不良情绪时都有自己的小妙招。当然你还可以倾诉出来，说给爸爸妈妈或者信任的老师听都可以，你的小伙伴也行，他们都是你的社会支持系统。当然还可以在卧室里拿枕头宣泄一下，这样又不伤害自己，也不影响他人。还可以像咱们班长这样通过撕纸的方式进行宣泄，这也是一个好的宣泄途径哦。不过撕完纸以后可是要把纸收拾起来的，如果咱们同学手里的纸没了，我可以提供。"我话音刚落，同学们都哄堂大笑起来，还有些同学更是笑着看向梓裕。我瞄了一眼，班长梓裕两只眼睛亮亮的，他咧开嘴笑了，露出可爱的小酒窝。我走到讲台上，说："瞧，我这里可是有很多纸啊，管够！"

从那之后，我也忘记关注他撕纸的这件事情了。突然有一天，卫生委员美琳走来在我耳边小声说："老师，我发现班长现在不撕纸了。他的桌子底下也是干净的。"我摸摸她的头表示认可。我走到班长的位置上，一看还真是这样。

我拍拍班长梓裕的肩膀,正在看书的他抬起头来,我俩相视一笑。

掰手腕

凉爽的秋风徐徐吹入办公室,一抹斜阳温柔地映在窗户的一角。办公室里,老师们都在静静地批着作业。"唰唰唰"的笔声、本子的翻页声,时不时飘入耳中。这时,我的手机铃声响起,是数学老师,数学老师这节课不是在班上上课吗?再一看时间,还有十分钟下课。

"喂?高老师什么事儿?"

"毕老师,你赶紧过来吧,梓裕在课堂上看课外书,我一节课到他身边提醒他好几回了,他也不听。这次我走到他面前,要把他的课外书收起来,他不给我。站起来和我比力气掰手腕,我的手脖子都有淤青了……你不去你班主任那?"手机那端又传来高老师和梓裕的说话声。

"高老师,你把手机给梓裕。"

"梓裕在听吗?梓裕?"电话那端一声不吭,"你来我办公室吧,"还是一声不吭,"嘟——"电话挂掉了。这是来还是不来呢?

坐在办公室里,思来想去,我还是起身往教室走去。刚走出办公室的门,就见梓裕同学从楼梯口过来了。想到办公室有那么多的老师,这个孩子的自尊心那么强,又十分有个性,我和他走进了旁边没有人的绘画活动室。

找了两把椅子,我让他坐下来。他站着有些局促不安,大眼睛不时地望向我,"咱俩坐着聊聊吧。"我看向他笑着说。

他刚要摇头,我就按住他的肩膀坐下来,我一动不动地望着他,静静的活动室里只有我俩的呼吸声。他的两只手放在腿上不安地扭着手指,"我想你听你说说当时发生了什么事?"一分钟后我开口道。

他清了清嗓子,抬起头,"我……我……"他又迅速地低下了头。

又等了一会儿,我心平气和地说道:"老师也感觉到了你心里不舒服。"刚说完,他的眼睛瞬间就红了,抬头看着我。"你觉得这件事老师哪里的做法让你不舒服了?"我摸摸他的头。

"我都会了,所以我才看书。"他吞吞吐吐的,又有些理直气壮。

"是呀,你的学习能力一直是咱们班最厉害的。你会思考,敢于表达。我相信数学老师讲的知识你都学会了。那你觉得自己哪里做得不好?"他又低下头。"老师,我上数学课不该看课外书。"

"还有吗?"

"嗯,老师反复说我好几次我也不听,我作为班长,不应该不尊重老师。"他越说声音越小,蚊子叫似的。

"嗯,敢作敢当,还有吗?"

"老师,我最后不该和老师动手!"梓裕突然把头抬起来,双眼直视我。

"看,这就是让我引以为傲的班长,梓裕,犯错不可怕,关键是能够认识到自己的错误,以后不会犯同样的错误。在语文老师的课堂上,你一直表现优异,从未发生这样的情况,是不是和数学老师之间有什么误会?委屈吗?"

这时孩子的眼泪吧嗒吧嗒地掉了下来。"老师,每天作业全对的同学,数学老师会给他们发好吃的棒棒糖,我也全对了,老师就不给我,我去和老师要,数学老师告诉我,她给我记着,等学期末考试再给我,凭什么呀?为什么别的同学的可以每天给,我的要等到学期末呢?我也想每天和其他同学那样得到应得的奖品。"

原来是这么回事,这小子的心结在这儿呢,那在数学课上捣乱等一系列行为就能说得通了。"听你这一说,要是我也会非常生气,也许我的行为比你更恶劣呢。"他扑哧一笑,鼻涕都冒出来,鼓出了个泡。

"你看你还是很理性的,没有做出更过激的行为,真不错,男子汉!哎?你觉得数学老师为什么这样呢?"

他皱了皱眉头,"还是我以前表现不够好。"

"比如说?"我趁热打铁道。

"我上课撕纸条,有时自己偷偷摸摸搞个小动作,所以老师生我的气了。"

"哟,短短几分钟,你让老师刮目相看啊,你是个有担当的男子汉,其实每位老师都和家长一样,都是为同学好。数学老师看到你上课这样淘气,恨铁不成钢呀,数学老师希望你能优上更优,对你有很高的期待呀。"

"哦,我以为老师不喜欢我呢,老师,我知道了,我马上回去和数学老师道歉。"说完,他就一溜烟地跑回教室,向数学老师负荆请罪了。

小蜗牛

"老师呀,这孩子她爸妈离婚,她妈出国打工,把孩子扔给了我。她在家里一点都不听话,我是一点法子都没有……"新学期刚开学,静怡的姥姥见到我,老泪纵横。

静怡,人和名字一样,有点腼腆,有些安静。和她说话时,她总是瞪着大大的眼睛,很无辜的样子。

"她啊,就是不写作业……"静怡去年的班主任这样评价。

这些话对我并没有太大的影响,我对自己的教育水平还是很有信心的。开学第一天,我安排座位时,把她放在最前面,和班长同桌。我找她单独谈话。

"你以前座位在哪?"

"最后一排。"她面无表情。

"知道为什么这次让你坐第一排吗?"

"不知道。"还是面无表情。

"过去的就让她过去吧。到了新年级,有新老师、新同学,好好把握这个机会,塑造一个全新的自己,让自己过得快乐一点,也是给姥姥个安慰。我相信,你不会让老师失望的……"

她抬头看了我一眼,还是没有说话,可眼神里多了一些先前少有的光彩。接下来的日子里,她的表现的确不错,原来教过她的几个老师也说她进步很大。我很有成就感,暗暗得意。

没想到,第三周周一早晨,她的作业没交。

"我忘在家里了。"她瞪着大眼睛说。

"找时间,补上。"也许是真的忘了,我这样想。

"我昨晚忘记带书了。"第二天早晨,她又这样说。

"补上!"我有些生气。

周三早晨,她找了半天作业本,头似乎要钻进桌子里。

"补!"我知道她在装模作样,很生气,吼道……

我把她请进了办公室,动之以情,晓之以理,她依旧忽闪着大眼睛,一句话也不说。之后几天,这一情况稍微好一点,再之后,还是依然如故。

"随她去吧!我已经尽力了……"回办公室,我把教材往办公桌上一扔,瘫在椅子上,长舒了一口气,心灰意冷。

一位老班主任意味深长地提醒了我一句:"换个方式试试?"

换个方式?她拒绝与我面对面谈话,可能是因为我太急躁,说话气势逼人,她有心理压力,所以只能用沉默来回应我。那能不能通过别的方式来沟通,我灵机一动,试试!当晚,我静下心来给她写了一张纸条。

"别的孩子都有父母陪伴,也许,你觉得老天对你不公平,但你可以把这些当作老天对你的磨砺和考验。前阵子,你表现得很好,希望你能继续保持下去。你不愿和老师说话,可我很想和你成为好朋友,老师多么希望看到你能不向命运低头,好好经营自己,变成一个爱学习、懂道理的孩子。"

我把纸条偷偷夹在她的语文作业本里。

第二天一早,我惊喜地发现,她的作业本里夹着一张小纸条。

"老师,从来没有老师喜欢过我,从来没有老师这样和我说话,您是第一个!"这简单的言语在我看来,字字闪着金光,那是孩子刚刚敞开的心扉。

我赶紧拿起笔来……之后,我们就以写信这种特殊的方式进行交流,在信中,我倾听她的心声,解答她的疑虑。慢慢地,我发现她开始进步了,脸上的笑容多了,课堂积极举手多了,不完成作业的时候少了……

那次学校开放日,孩子的姥姥激动地告诉我:"这孩子,收到你的信后,高兴得睡不着觉,她把你信藏在枕头底下。现在,孩子在家里也很听话,像变了个人一样……"

幸亏在学生反复最严重的时候、内心最痛苦矛盾的时候，我没有放弃她，转换了一下教育的方式和方法。多一些等待，多一些理性，孩子就向我打开了心锁，靠近我，努力地去改变。

我背后的力量

周一班会课，我拿着一沓 A4 白纸走进教室。同学们看见我手里的白纸，顿时眼睛亮晶晶的，充满了好奇。这时坐在前排一向腼腆的子豪同学怯怯地举起了手，我示意后，站起来小声地问："老师，您拿纸干什么？"我扬了扬白纸，莞尔一笑："保密哦。"

"老师，告诉我们吧。老师，快告诉我们吧。"同学们的声音此起彼伏。

"来，同学们收拾一下桌面，准备好彩笔……"还没说完，梓烁立刻打断了我的话："画画么，老师？"

"嗯，和画画类似，"我边说边把白纸发了下去，"大家都准备好了吗？"

"准备好了！"同学们异口同声道。

"请每位同学从彩笔中选出一支自己最喜欢的，然后在白纸的中间画一个圆，写下自己的名字。"同学们根据我的指令开始有序地操作着。画完的同学抬起头，静静地听着。

"同学们，接下来想一想，当你开心时，你第一个想到的人是谁？当你伤心时，你第一个想到的人又是谁？当你感到孤单无助时，你第一个想到的人是谁呢？"

"妈妈，爷爷……"话还没说完，同学们又开始抢答了。

"嘘，不要说出来，记在心里，你想到了谁，现在就在纸上离你的圆最近的地方画几个圆。"

"老师，是不是我想到三个人就在这里画三个圆？"梓越举起 A4 纸，指了指相应的位置。

"你理解得很对。"大家不约而同地看向了梓越。

"画完圆之后，把刚才想到的那个和你最亲近的，可以给你提供最多帮助的人的名字或者称呼写在圆里。"

"老师，可以换个颜色的笔吗？"竹丽同学举手问道。

"可以哦。"我点头同意。

"好了吗？现在再想想，除了刚才你想到的这些人之外，还有谁可以给你提供支持和帮助？可以在离你自己的圆远一些的距离，想到几个人再画几个圆。"同学们都低着头，静静地想着，静静地画着。

"好了吗？最后再想想还有没有人也可能给你提供帮助？最后想到的人可以继续在较远的位置画圆，填写。"有的同学在继续画着、写着，而有的同学早已写完，东张西望。

我在教室里边踱着步子，边挨个观察着。不一会儿，一张张空白的纸上已经是画得满满当当，写了不少称呼。有的同学则只是画了寥寥几个圆。

"同学们，来仔细观察你画的，你有什么想说的？"我启发道。"老师，我没想到我有困难时竟然有这么多人可以帮助我，我很开心！"典哲眉飞色舞道。

"那你共画了多少个圆圈？"

"1、2……8……16……30，老师，我有 30 个呢。"

"哇，好多啊！"同学们都朝他投以羡慕的目光。

"同学们，在生活中，家人、朋友是我们重要的人际关系，也是我们重要的社会支持系统。社会支持系统指的就是能给自己提供物质和精神上的帮助和支援的社会关系网络。简单来说，社会知识系统就是能与我们分享快乐、分担痛苦的人所组成的整体。我们每个人必要的时候都需要向他人寻求帮助。"同学们眼睛亮亮的，一动不动地盯着我。"同学们，最好的支持系统是在你万般愁苦的时候陪你叹息；是你在矛盾时不指责、不批评，只是陪同你一起走；是在你高兴的时候比你还要高兴，在你痛苦的时候比你还要痛苦。恭喜大家都有自身的社会支持系统，随着你的长大，还可以继续完善社会支持系统哦。"

"老师，我的支持系统里，还写着您！"晨曦站起来说。

"哦，谢谢你。老师太荣幸了，谢谢你的信任哦！"我顺势和他握了握手。

今日观察

"老师，今天一航的数学作业没写。"数学课代表浩天告诉我。

"报告老师，中豪的语文作业漏写了，多音字没写。"语文课代表馨雨说道。

"老师，咱们班靖凯同学不戴红领巾，又给咱们班扣分了。"督导队员思雨同学说道。

"老师，你快去看看吧，梓烁和靖凯又打起来了！"袁野跑进我办公室，急匆匆地说。

·············

每天，我一进教室就能听见各种告状的声音。固然，这些同学在习惯和行为方面各有各的缺点，但人无完人。何况同学们之间好像每天都是关注对方的缺点，没发现对方的优点。

一个周三，晨会上我告诉大家："同学们，从今天开始，每天大家用心观察每个同学表现好的地方，老师会在放学前让大家分享交流一下今日的观察。"同学们面面相觑，感觉老师又布置一项任务。

终于到了最后一节课，我走进教室，同学们都井然有序地干着自己负责的事情。有的打扫卫生，有的正在发作业本。铃声响了，同学们立即端正坐好。

"同学们，今天你发现了哪些同学表现优异的地方？现在我们开始'戴高帽'活动。开始！"我一声令下，同学们正襟危坐，一个个小脸十分严肃，教室里安静极了，生怕老师第一个抽到他。

"老师，我先来！"短暂的几分钟静默之后，班长梓裕一马当先。"今天早晨我背着书包进学校，走到咱们四楼时，我看见鸣杰同学正准备背着书包进教室。走廊地面上有一张废纸，鸣杰同学就弯腰拾起来了，并扔到了垃圾桶里。"他一边说一边指着鸣杰。

我赞许地看着鸣杰。"怪不得今天早上我看咱们班走廊一尘不染，你功不可没。"鸣杰白皙的小脸蛋立刻变红，看来平时受表扬少了，还有些不习惯。

我又把目光投向梓裕："班长敏锐的眼睛发现了别人没发现的细节，真不错！"说完梓裕眼睛朝同学们一挑，开心极了。

"来,接着说。"一石激起千层浪,有了班长带的好头,其他同学不甘落后,开始争先恐后抢着说。

"老师,我今天观察到咱们班勃雅数学题不会的时候都会去找梓涵,梓涵都会耐心地教。"子琪甩着马尾说道。

"老师,我有不会的题也会去请教梓涵。"卿霖同学马上站起来说。

"咱们班有这样热心帮助他人的同学,真是班级之幸、同学之福啊。当然,咱们班像这样的同学肯定不止梓涵一人,还有很多,这就需要我们每个人留心观察。我今天就发现浩龙同学没戴口罩,文敬同学马上把自己多准备的那个口罩给了浩龙。"说着我朝文敬竖起了大拇指,文敬咧开嘴,笑得那样开心。

"继续吧。"我抬手示意道。

"老师,我下课上厕所时看到咱们班致成和峻崧同学因为小事动起手来了,鸿锦同学看见了,立刻走上前来制止了他们。"桂平说道。

"老师,今天早上我去打扫卫生区的时候,冰杰同学到我们卫生区来帮忙了……"欣蕊同学告诉大家。

"同学们今日发现的亮点可真不少,通过我们的眼睛发现,再由我们嘴巴表述,这就是口头'戴高帽'。现在我来采访一下,刚刚受到表扬的当事人感受如何?"我依次让受到点名的同学分享交流,他们都表示很开心。

"是呀,同学们,我们每个同学都是这样热心、热情,你会发现你在班级里不是孤单的,你是幸福的,当然我们还可以笔尖'戴高帽',把你发现的好人好事写在纸上,然后当面送给当事人。"说着我又给每人分发了一张小纸片。同学们都唰唰地写了起来……

走"鹅卵石"

开学第二周的周一班会课,我拿着用硬纸板做的 5 个"鹅卵石"到操场上,同时找操场上的一个同学去叫班级带队下来。

不一会儿,同学们在军体委员的带领下来到了操场。"老师,我们到操场干什么?要跑圈吗?"有几个男生开始摩拳擦掌,跃跃欲试道。

我故作神秘,摇了摇头。

"那是干什么呀?"其他同学见状也开始嚷嚷道。

"安静!——"我大声喊道。

"老师,地上放的那个纸片是干什么的?"有的同学已站在 5 个"鹅卵石"旁边盯着看,不解地问道。

"同学们,今天这节班会课我们一起做个小游戏。"话还没说完,有的同学就开始抢道:"老师,我知道了,这是做游戏的道具吧。"

"恭喜你答对了!来,现在大家听好游戏规则。"同学们一听,赶紧立定站好。

"全班分为 5 个团队。团队自选一名队长;每个团队中 2 名成员扮演'失明'者;在队长的指挥与协调下,15 分钟的时间内,全班成员要顺利过河到达对岸:每个成员的脚只能踩在'鹅卵石'上,踩在外面视为失败,则需要重新过河。大家听明白了吗?"

"听明白了!"大家齐答道,精神抖擞。

"各就各位,全体同学按 12345 来报数,按照你喊的数字,数字相同的同学排成一队。开始报数!"

很快同学们排成 5 队,各个团队也很快地推荐了队长,然后各个团队成员在一起悄悄地咬起了耳朵,商量游戏方案呢。

"各个团队一定要遵守游戏规则哦,来,各队长带好各自的队伍到操场上指定的位置站好。各就各位,预备开始!"

游戏开始了,在各自队长的带领下,有的成员自己蹦着跳着顺利过河,"失明"的同学则是相互搀扶过河。很快,其他成员发现,这样做"失明"的同学很容易就踩在"鹅卵石"的外面,游戏容易失败。于是大家又发挥了团队的力量,想出背着同伴过河,结果 15 分钟的时间结束后,每个团队还有 1 名同学没有过河。大家纷纷露出遗憾、不服的神情。

于是此时我追问大家:"是否要放弃这几个没有过河的同学?"全班同学都异口同声地回答:"不要放弃。"声音十分洪亮,十分有力量!就要这样的效果。

"为什么?"

"因为他们是我们班的一员,我们是一家人。"班长梓裕毫不犹豫地回答。

"既然大家这么不想放弃,那么接下来就进行一个补救游戏,听好游戏规则:"过河的同学手拉手快速围成一个圈,过河的同学每做 30 个下蹲的动作,完成之时就有一个同学获得过河的机会。现在放弃还可以来得及,怎么样,你们的选择是?"

"来吧,老师,我们不反悔!"同学们再次坚定地回答。

我转头看向没过河的那几个同学,他们原本因为没有过河而无精打采,瞬间像打了鸡血似的,立刻来了精气神,都看向对面的同学们。

"那好吧,我尊重大家的意见,各就各位,预备,开始!"我的右手从高处向下一挥,此时比赛又进入了白热化阶段。

只见大家快速手拉手围成一个圈,一齐喊着 30 个数字。第一次的 30 个下蹲结束时,像班长梓裕这样的小胖子已经是气喘吁吁了。趁势我再次追问大家:"是否还要继续给剩下的几位同学获得过河的机会?"没想到答案仍是一样。

第二轮的补救游戏再次启动,大家同时喊着 30 个数字,努力地做着下蹲动作。第二轮结束之后,小胖子们的脸上开始往下淌起了汗珠。

还剩下 3 名同学没过河,我又问了同样的话,尽管他们都很累,但仍是咬起牙关坚决不放弃。

当同学们做完所有的补救游戏的时候,都累得筋疲力尽。尤其是可爱的小胖子们。最后我让大家坐下来,一边放松,一边回想刚才过河的过程,想想自己收获了什么。

"老师,做一件事情坚持很重要。"

"老师，在游戏中因为我们的团结合作，所以最后取得了胜利！"

"老师，我们全班同学就是一个集体，无论什么时候都不能放弃任何一个人，因为我们是一家人！"

"说得好，"我鼓起掌来，"你们 45 个同学加上 1 个我，我们就是相亲相爱的一家人。老师希望今年一年的每一天，我们共努力，共进步，团结合作，相信我们的班集体一定是战无不胜，非常优秀的班集体。"

"耶！"同学们坐在草坪上欢呼起来。

绝配同桌

刚开学时，我注意到一个个子高高的、白白净净的小女孩，脸圆圆的，乍看上去内敛而文静。问她叫什么名字，才知道她叫珈萱，分班时成绩全校第一。

新的班级组成了，首先得组建班干部队伍，我把珈萱叫到跟前，征求了一下她的意见："可以当学习委员吗？"

她立即摇头："老师我不当。"

"为什么呀？"我心里好生奇怪，别的孩子都争先恐后地想当个班干部，她居然推辞起来了。她支支吾吾地也没说出个理由来。

"那你希望担任什么职务呢？"她那长长的睫毛一抬一阖，欲言又止。

"没事，说出自己的想法即可。"我鼓励道。

"老师，我什么职位也不想干。"怯怯的声音似乎是从地底下冒出来似的，她的两只白净的手不停地搅在一起。

啊？我心里小小惊讶了一下，真没想到这么优秀的她，竟然什么职位也不想担任。"能和我说说理由吗？"我俯下身子，亲切地问。

"老师，我……我……就是不想当，心里不想。"珈萱看了我一眼，然后又低下了头。

"好，先回去吧。"我只好作罢。她则飞快地跑回座位，如释重负般喘了口气。难道当个班干部就是这样如临大敌？

后来，我慢慢地发现她的性格害羞，不善于言谈，说话声小，而且比较害羞，只能管好自己，当班干部确实不适合她。

再后来要进行区级习作比赛，五年级一共六个班，要对 10 名同学进行训练，各班要选出一到两名种子选手。于是我把珈萱和则荥叫到跟前，和她们俩说明了此事，告诉她们作为种子选手有多光荣，但有三个月的时间要辛苦一些，每天最后一节课到习作队训练到 5 点。则荥的小眼睛顿时亮亮的，绽放着自信，闪烁着渴望的光芒。

可反观珈萱呢？熟悉的一幕又出现在眼前。她又是嘴角抿得紧紧的，眉头皱着。她见我的目光看向她，赶紧说："老师，不去可以吗？我不想去。"这么优秀的学生，班级的一切活动好像均与她无关，我心里着实舍不得。于是我晓之以理，动之以情，她却始终低着头，一言不发。当我最后再次问她参不参加时，她仍旧坚持不参加。

后来，我和她妈妈沟通交流了此事。她妈妈说："老师，这个孩子愁人啊，虽然她的成绩暂时不错，稳居班级、年级第一，从小到大也没让我和她爸爸操过什么心，可就是这么一个听话懂事的孩子，一点儿进取意识都没有，告诉我她什么也不想竞争，什么都不想参加。上次班干部的事情，当天晚上放学回家她和我说了，我问她老师这么喜欢她，信任她，为什么不参加？她就说不想。没想到这次习作比竞赛又是这样，这么好的机会她都不珍惜，这可怎么办呢？"从她妈妈的电话中，我能感受到她妈妈特别焦虑。

"那你觉得孩子平时还有什么擅长的方面吗？"我启发道。

"我现在没有发现，老师。孩子都能够有条不紊地干好自己分内的事。"珈萱妈妈回想道。

"有什么好朋友吗？"

"嗯？老师，咱班军体委员梓涵和珈萱相处不错，因为我们两家也是朋友，平时联系比较多，接触也比较多，所以这两个孩子能说到一块儿。"珈萱妈妈告知。

"太好了，珈萱妈妈，性格也不是一朝一夕就能改变的，咱们都得慢慢来。"

放下电话,我想到了"鲇鱼效应":挪威人喜欢吃沙丁鱼,尤其是活鱼,市场上活鱼的价格要比死鱼高许多,但沙丁鱼捕捞后如果没有刺激和活动,就会很快地死去。挪威渔民每次从海上归来,为了不使鱼在途中死去,都在沙丁鱼的鱼舱里放几条鲇鱼,以挑起它们和沙丁鱼之间的摩擦和争端,使大量的沙丁鱼在紧张中不断地游动。不但避免了沙丁鱼因窒息而死亡,而且还能保证它们一条条活蹦乱跳地抵达港口。我想,或许可以把梓涵这个同学作为突破口,中途介入,起到竞争作用。

第二天一早来到教室,我就让梓涵和珈萱坐在一起做同桌,当她们听到这一消息时,只见大眼瞪小眼,可见不是一般的吃惊。她们俩一个静一个动,一个积极,一个原地,学习上不相上下,真乃绝配同桌!

接下来的日子,上课回答问题的时候,梓涵小手高高举起,我总会提醒珈萱加油。国旗下演讲竞选主持人,梓涵第一个报名,没想到珈萱也破天荒地举手报名参加。学校竞选大队委活动,梓涵立刻报名大队长这一职务,珈萱在梓涵的带动下也主动报名了,竞选副大队长。下一轮的习作竞赛梓涵率先报名,没想到珈萱也主动报名。

渐渐地,珈萱越来越活泼,现在能主动地在班上领着同学们早读。后来珈萱妈妈打电话,告诉我说:"老师您用的'鲇鱼效应',这个方法太好用了,立竿见影。珈萱的积极性越来越高,谢谢老师!"

没有教不好的学生,只有不会教的老师,方法对症很重要!

你是我最喜欢的学生

开学第三周,我们班的纪律分倒数第一了。怎么回来?我让班级督导队员芮麟同学到德育室问问到底是因为什么原因扣分,是哪些同学扣的分。等到芮麟同学回来后,才知道是靖凯、峻菘、梓裕、典哲等同学每天连续扣的分,原因是走廊打闹。看来刚开学新鲜期已过,班上的"调皮大王"们本性开始显露出来了。

课下打闹,课上呢,他们不认真听讲、交头接耳、小动作不断……我立即借鉴了其他优秀教师的成功经验——投去微笑的目光、严厉的目光、失望的目光、制止的目光、愤怒的目光……一次两次之后,他们就再也不屑于费劲地去"解读"我目光中的涵义了。确切地说,他们根本就不理我。我想他们的座右铭已经变成了:做自己的事,让老师看去吧!既然目光交流不管事,我就用身体语言兼直接对话。然而,两周之后,当我的摸头、点名、鼓励、表扬、警告、批评……都只有一分钟效果的时候,我真的有些沮丧了。

四年级的老师每每看见我都投以同情的目光,然后同情地告诉我,四年级的大闹包分到我班是最多的。

文艺委员心蕊也走过来,拉拉我的衣角。"老师,您别生气,靖凯他们几个都是坏学生,天天挨批评也不在乎,改不了。"

改不了了?看着心蕊"无奈"的目光,我的"斗志"一下子高涨。我拍拍心蕊的肩膀,豪气万丈地说:"看着吧,我给他们来个各个击破!"

今天放学后,我让我班最有打架体质的靖凯留下来,我要和他说个悄悄话。说完,靖凯美滋滋地背着书包离开了。

第二天早上,我又把峻菘悄悄地领到外面,又和峻菘说了悄悄话。说完之后,他咧着嘴巴欢天喜地走进教室,然后劲头十足地开始早读。

接下来,我又把其他两位同学在不同的时间段悄悄地请出教室,然后他们同样面无表情地来,兴高采烈地回去。

短短几句话的交流就产生了神奇的效果。以后的时间,这几个孩子都有了明显的进步。我每节课都"忍不住"表扬他们几个。

用"放大镜"来发现他们的闪光点的确有效,他们努力地朝我希望的方向前进着:上课认真听讲、作业按时完成。小军甚至第一次按照要求写了日记,并给我写了一封信:"老师,这是我第一次写日记。我一定好好学习,不再让您失望。这是我的心里话,您等着看我的表现吧!"

日子悄然而逝,"调皮大王"们的进步有目共睹,这场"交锋"以我的"胜利"而告终。

如今,每当我看到昔日的"调皮大王"组合,用自己的努力换上了"优秀"的光环,我就为自己当时的"小聪明"得意。其实,我和他们的谈话内容都一样。

问:你最喜欢看哪个频道的节目啊?

答:少儿频道。

问:天天都看吗?

答:是啊,我喜欢动画片。

问:老师和你一样,也是关注自己最喜欢的事物。知道为什么你上课时的一举一动都逃不过老师的眼睛吗?

答:不知道。

问:因为老师总忍不住把目光投向自己最喜欢的同学,正如你锁定少儿频道一样。因为喜欢,老师也把你"锁定"。虽然,当我"锁定"你时,你经常让老师失望。

答:老师——(瞪大了眼睛,不可置信而又激动的表情)

问:下次,当老师把喜爱的目光投向你的时候,你能用最好的表现来告诉我你也同样喜欢我吗?

答:(如宣誓般)能!

对仗

博韬,刚升入五年级的他给我的印象是高高的,说着一口方言。我平时看见他似乎总是沉默着,与同学格格不入。虽然同学们试图接近他,但总是被他那不友好的目光拒之千里。他每次不交作业都有借口,而且是同一个借口,忘拿了。

后来在一次家访中,我了解到,博韬的妈妈出国打工,他和爸爸一起生活,而爸爸又忙于工作,很少顾及他。我拉着博韬的手,说:"孩子,妈妈不在身边,我就是你的校园妈妈。"一抹笑容浮现在博韬的脸上。"不过,我可喜欢上进、乖巧的博韬哦!"博韬用力地点了点头,似乎下了很大的决心。说到做到,博韬慢慢发生着一些变化,上课遵守纪律了,作业也认真了许多,和班上的同学关系也渐渐融洽了……

从此,对于博韬,我是格外地关心,哪怕一块小小的糖果,都会给他带来欣喜。课余,我像朋友一样,拍拍他的肩膀,为他整理衣领,帮他戴好红领巾……开始的时候,他总是红着脸,局促不安,但慢慢地就接受了我。

一天课外活动大扫除的时间,卫生委员心蕊气喘吁吁地跑到办公室找到我,告诉我博韬和别的班学生打架了。我匆匆赶到现场。被打的同学脸上伤痕累累,周围围观的同学们纷纷指责博韬,而他却是一副气愤难平的样子。看到此景,我一愣,该怎么办?凭着多年的班主任经验,我压住了火气。而博韬似乎也做好了迎接暴风雨的准备,用眼睛睨着我。我问了一下两位当事人当时打架的具体原因。原来博韬当时在拖走廊,不小心把拖把上的水溅到对方身上了,因为一时口快,博韬随口一句骂人的口头语就蹦出来了。对方感觉博韬有错在先,不道歉竟然还骂人,于是就打仗起来了。针对此事,我就开了一次班会。在班会课上,我把博韬今天发生的事件抛出,同学们畅所欲言,各抒己见,用一个个鲜活的事例,告诉博韬应该如何与同学和睦相处、如何正确处理这件事。终于在大家的说服下,他低下了头,主动向我承认了自己的错误。

转眼间要开家长会了,放学后,博韬却在教室里磨磨蹭蹭不肯走。直到其他同学都走了,他才走到我面前,小声说:"老师,我想,想……"看到他吞吞吐吐的样子,我就拍拍他的肩膀说:"有啥事,尽管跟老师说,别忘了,我还是你的校园妈妈呢。"他一听,不好意思地说:"老师,今晚开家长会时,你能不能不要把我打人的事情告诉爸爸?"我一听,不禁笑了,这小家伙还挺要面子的!老师应该给学生一个崭新的起点,一个拥有自信、重塑自我的机会。于是我就爽快地答应了,同时也提出了一个附加条件:"以后你可要把最优秀的一面展示给我看呀!"他激动地连连点头。

自此以后,博韬判若两人,每天早晨到校后,他能主动去帮助值日生清扫卫生;每节课上,他都能焕发出生命的涌动,迸发出思维的火花;每节课下,他也总是和同学们其乐融融！看到这些，我欣喜不已，趁热打铁，抓住他的点滴进步在班上"大肆"表扬。有一天早上，我刚进教室，博韬就朝我手里塞了样东西，一溜烟地跑了。那是块心形巧克力，望着博韬远去的背影，一份感动慢慢在我心里蔓延，我闻到自己精心浇灌、呵护的教育之花灿烂绽放的芬芳，淡淡的……

在一个阳光明媚的下午，博韬爸爸打来了电话。电话里，博韬爸爸一个劲地对我表示感谢，感谢我的悉心教育，让儿子发生了巨大的转变，用他的话说，是"懂事了……"。放下电话，我的心情久久不能平静，博韬爸爸的心情我能理解，因为博韬的转变，让我看到自己精心培育的花儿绽放出了最美丽的色彩。

放学路上

竹丽小小的个子，小小的眼睛，小小的嘴。她下课总喜欢坐在座位上静静地看书，不言不语。上课总能专注地、静静地听讲。她从来不主动回答问题，但只要老师提问，她总能回答上来。

突然有几天，我发现她上课总是无精打采，连看最喜欢的书也索然无味，怎么回事？

这天是周五，中午睡完午觉，我把她叫到跟前："竹丽，这几天怎么回事？一副心事重重的样子。"竹丽看看我，勉强一笑，面容不仅憔悴，还透着一些苍白，继而又摇摇头。

"怎么？还不能和老师说说吗？"我按住她的肩膀关切地问道。

她平静地望着我，眉头紧锁，不说话也不摇头。

下午正好是校本选修课，我负责在心灵氧吧活动室带领孩子们做做沙盘、绘画等活动，于是我说："你玩过沙盘吗？"

她眼睛的光彩又回来了，但摇了摇头。我一看有戏，于是马上趁热打铁："想不想体验一下沙盘？"她高兴地点点头。

"走吧。"我和她一起朝着沙盘室走去。

走进去，竹丽立刻被沙盘室的装备吸引了，她情不自禁地走到沙具架旁，好奇地摸摸这个，又摸摸那个，喜不自胜。

"来，竹丽，"我招手，"这就是沙盘，这是沙架，这些都是沙具。"我一一指给竹丽看，她认真地听着。

"哎，你先坐下放松一下，调整一下自己的呼吸，跟着我的节奏走。"只见竹丽闭上眼睛，全身心地放松着。

"非常好，继续，现在你把手轻轻地放到沙盘里，可以用手摸摸沙，抓抓沙，也可以不动哦。"竹丽闭着眼睛，慢慢地操作着。

"什么感受？"我轻声问道。

"很好的感觉，老师。"她慢吞吞地说。

"好，就带着这种感觉，睁开眼睛，我们要开始创造属于自己的沙盘喽。你看，沙盘中蓝色的部分可以当作天空、江河湖海。你可以动沙子，摆成你任何想要的造型。当然也可以从沙架上挑选你喜欢的沙具，摆在沙上，30分钟，听明白了吗？当然有不明白的地方，可以随时问我哦。"

时间在一点一点地流逝，竹丽逐渐沉浸在了自己的沙盘世界中。一会儿在沙架前转来转去，精心挑选出自己心仪的沙具。当看到是自己喜欢的沙具时，她轻轻地把它拿在手里，朝沙箱走去，一会儿在沙箱前站定，寻思把沙具摆在什么位置，一会儿又把摆好的沙具拿下来，重新摆放位置……不知不觉，30分钟时间到了。

"竹丽，看看你的作品还有需要修改的地方吗？"我指导竹丽看着她摆出来的作品。

她用心地看了看，又摇了摇头。

"那如果让你给你的作品起个名字，你会起个什么名字？"

竹丽捋了捋额前的头发，思索着，忽然眼前一亮。"放学路上，老师。"

"那你觉得整个过程中，你最满意的部分是哪里？"竹丽用目光把整个沙盘扫描了一遍，用手指立刻定位："这里，老师。"

"能讲讲这个故事吗？"我朝着她指的位置看过去。

"老师，放学路上这里发生车祸了，这个叔叔被车撞死了。"她小声地说给我听。

"哦，这么不安全啊。那你放学的时候，爸爸妈妈来接你吗？"竹丽一听，她那有神的小眼睛瞬间黯淡下来，再次摇了摇头。难道放学对竹丽来说有什么心结吗？

"咱们放学的时候，你爸爸妈妈都在上班，对吗？"

"嗯。"竹丽点点头。

"那你放学和小伙伴儿一起回家吗？"

"老师，就我一个人。我们家离学校比较近，可是晚上放学就我一个人走那条偏僻的小路，我很害怕。"她的声音又低了下去，还带着一丝丝的颤音。

"是啊，如果是我自己一个人走一条偏僻的小路，我也害怕呢，别看我是成年人，这可是我们俩的秘密哦。"说着她的眼睛红了。

"那你和爸爸妈妈说了吗？"我小声询问。

"我说了好多次，可每次一说，爸爸妈妈就责怪我胆子小。我就再也不和爸爸妈妈说了。"此时她的眼泪吧嗒吧嗒掉了下来。

"这几天就是因为晚上放学自己走回家，所以心里不舒服，对吧？"

"嗯，老师。"她点点头。

"那你在四年级是怎么解决这个问题的？"

"老师，四年级是我爷爷来接送我上放学，爷爷家里有点事儿还没回来。"我终于知道她的症结所在了。

"那完成作品后，此时你有什么感觉？"

"老师，我心里感到特别舒服、开心，好像烦恼都没有了。老师，下个周我还可以来吗？"

"怎么？这么快就想和老师预约啦。可以呀，老师随时欢迎你。"活动课结束，她蹦蹦跳跳地跑回家了。

晚上，我和竹丽妈妈沟通了这件事，她妈妈说真没想到，他们认为微不足道的小事，却能给孩子造成这么大的心理伤害。后来她妈妈又把她爷爷接回来了，这件事告一段落。

大力士

　　一天中午，大家在大扫除，每个人都在自己负责的卫生区域热火朝天地干着。瞧，擦黑板的，扫地的，拖地的，擦书包柜的……就在这时，教室外有同学大声喊叫，声音响彻云霄："老师，不好了，咱们班小凯腿出血了。"话音刚落，人已经冲进教室了，双手叉着腰，佝偻着身子，大口大口地喘着气，眉头皱皱的，"老师……老师……"一边说，一边用手指着窗外，看来她是从一楼直冲到四楼的。我快步走到她跟前，把手搭在她的肩上，轻轻拍了拍她的肩膀："怎么了？小悦，慢点儿说。"

　　其他同学也都纷纷凑到跟前，用好奇的眼神盯着她。"老师，我们刚刚在卫生区打扫卫生时，忽然听到一声声撕心裂肺的哭喊声，我们顺着声音跑过去一看，咱班的小凯自己在教学楼门前的台阶上跳来跳去，一不小心脚踩空了台阶，腿磕在了台阶的尖角上，流了好多血，看着可吓人了，怎么办？怎么办老师？"周围的同学听了一片唏嘘声，胆小的同学甚至用手捂住了嘴巴。

　　"大家不要担心，先把自己手头的事情完成，我去看看。"我告诉班长负责好班级卫生的复查工作，急匆匆地朝一楼跑去。刚跑到一楼大厅，就听到教学楼外小凯同学的嚎叫声，看来真是摔得不轻呀！周围已经围了一圈的同学，人头攒动。我连忙扒开人群，挤进去，蹲下身子，着急地问道："怎么样，疼不疼？"我们班的子赫、浩然、桂平蹲在小凯的身边，嘘寒问暖。平时很坚强的小凯此时一脸泪水和鼻涕，可怜兮兮的。他闭着眼睛，扯着大嗓门喊道："老师疼死我了，我不会走了。"于是我赶紧打电话给小凯家长，简单告诉了情况，让他们赶紧到门卫传达室来接孩子送到医院。放下电话，我想把小凯抱着送到传达室，结果我把双手放到孩子的腰和屁股下面，没想到愣是没有把他抱起来。

　　"老师，我来吧。"我仰起头看着个子高高的、瘦瘦的子赫同学。别看只是五年级的学生，目测他也有一米七，关键时刻他彰显了男子汉的本色。只见他弓下身子，一个公主抱就把小凯同学抱起来了，其他两位同学一个托着左腿，一个抬着屁股，我则扶着小凯受伤的右腿，大步向门卫传达室走去。

　　一路上，小凯的屁股不断地往下溜、往下沉。抬他屁股的浩然几乎要蹲着走路了,而我和桂平也感觉小凯的每一条腿似有千斤重,抬着费力极了,更何况抱着小凯的子赫呢。我转过头来:"子赫,我抱一会儿,你休息一下。""老师,不用了,坚持一会儿就到了。"子赫牙齿咬得紧紧的,气喘吁吁地说道,汗珠从他的皮肤上沁出来,在他脸上熠熠发光。

教学楼离门卫传达室只有短短 80 米的距离,可是我们走得跟跟跄跄,硬生生走了 15 分钟,终于到达了目的地,把小凯同学轻轻放在了门卫准备的椅子上,我们都累得筋疲力尽。三个同学丝毫不顾身体上的疲惫,不住地用言语表达着他们的关心,子赫用手轻轻地摸着小凯的腿以缓解疼痛……

终于等到小凯家长的到来,我们又七手八脚地帮忙把小凯同学送上了车。

多么可贵、美好无价的同学情谊!

真伤心

今天的天气格外热,尤其到了中午。太阳炙烤着大地,即使在教室,都能够感受到股股热浪扑面而来,无端地引发一阵阵烦躁。

中午,我领着孩子们排着整齐的队伍到餐厅用餐,从四楼走到一楼,吃完饭再从一楼走到四楼,简直像刚从汗蒸房里出来,衣服都湿透了。走进教室就见美橦快步跑过来,轻轻地说:"老师,昊冉同学哭了,哭得可伤心了。"

嗯?刚吃饭还好好的,从餐厅一回来就哭了?"你知道发生什么事儿吗?"我的目光朝昊冉的座位望去。

昊冉趴在桌面上,肩膀一抽一抽的,哭得那样伤心,周围还围着一圈女同学在不停地安慰她。大家一看我进来,有的同学就赶紧告诉昊冉。我走上讲台,在椅子上坐下,"昊冉,你来一下。"

昊冉磨磨蹭蹭地起身,用袖子使劲擦了擦眼泪,才慢腾腾地过来了。

我拉过她的手:"告诉老师发生什么事了?"

刚刚擦干的眼泪又如洪水决堤似的倾泻而下。"老师,我昨天晚上买了一支好看的笔,吃饭的时候我放在了桌面上,有几位男同学吃完饭回来得早,拿着看,把我的笔帽给弄断了。"她边说边哭,用袖子擦着眼泪,可见她是有多么喜欢这支笔呀。

"是呀,心爱的东西弄坏了,谁都舍不得。"我赞同道。她小鸡啄米似的点点头。

"你知道是哪些男同学吗?"我拍拍她的胳膊。

"肯定是靖凯、袁野、浩龙这几位同学,其他同学就不知道了。"她肯定地回答。

"你看见是他们拿的了?还是怀疑他们?"我给予提示。

"我没有看见他们拿,"她的头如拨浪鼓似的摇了起来,"但是今天上午课间操时,他们围在我的桌子旁跟我要着看,我没给他们看。"她寻出蛛丝马迹来,有理有据地说道。

"哦,好,你先回去,如果是他们几个,我可得好好批评批评,给你出口气。"也许是因为我给了她理解,也许是我的承诺,她转瞬破涕而笑。瞧,小孩子的世界多简单,伤心就哭,高兴就笑。

我让班长梓裕把这几位男同学找回教室。不一会儿,他们就从操场上跑回来了,额头上沁出了一层汗,他们在我面前站定,用不解的目光看向我。

"知道我为什么找你们吗?"我立刻板着脸。

他们三个你看看我,我看看你,一头雾水。

"听说你们三个动了昊冉桌上的那支笔了?"这时三人点点头。

"什么时候动的?"我紧跟着追问。

"中午吃完饭回来,我见她的笔在桌子上,于是拿起来看看。"靖凯立即说。

"你自己动的吗?"

"对。"靖凯没否认。

"那你们两个什么时候动的?"我目光投向他们二人。

"我和浩龙一起看的。"袁野马上回答。

"谁把那支笔弄坏了?"我紧盯着他们。

靖凯急了:"老师我看的时候笔好好的,我没弄坏。"

　　"老师，我们两个人看的时候笔我没拿住，掉地上了，我们也没弄坏。"浩龙赶紧说。

　　原来笔掉在地上，摔断了笔盖儿上的一角，而他们还不知道呢。我把笔拿过来递给他们，他们三个接过笔轮流看了看，迅速低下了头。昊冉还真没冤枉错人呢。

　　"说说错在哪里？"我语气严肃。

　　"老师，我们不该偷拿昊冉的笔看，还不小心弄坏了。"袁野说完，他们两个赶紧点头。

　　"还有吗？"他们摇摇头。

　　"想想如果你有个喜欢的玩具，别人不经过你的允许拿着玩儿，你会怎么样？"

　　"我肯定会很生气。"他们三个抢着说。

　　"同样的道理，昊冉心爱的笔，课间操你们想借着看看，昊冉没同意，你们又利用中午的时间，趁笔的主人不在场，偷拿着玩，而且弄坏了，昊冉心情会怎样？"

　　"对不起，对不起，对不起。"他们三个自觉地向昊冉道歉。

　　"准备怎么办？"

　　"老师，我们赔一支吧。"袁野看着昊冉征求道。

　　"昊冉，你觉得呢？"她稍加思索，同意了。

　　"既然意见达成一致，笔的风波到此结束。"昊冉的小脸上终于有了一丝笑容。

九宫格日记

　　新学期转眼间已开学一个月了，今天又是一个好天气，暖风和煦，温暖的阳光轻柔地照在每个人的身上，让人心情顿好。

今天最后一节班会课，带领同学们进行什么活动呢？想到孩子们前期在家上了一个多月的网课，又紧接着放寒假，这两个多月的居家学习和生活之后，孩子们的情绪怎样呢？于是我想到带领孩子们一起绘制开学九宫格心情日记吧，让孩子们能够看见自己的情绪，拥抱自己的情绪。

我拿着45张白纸来到教室，孩子们立刻围拢过来，兴高采烈。"老师，今天我们做什么活动？"

我把45张白纸发了下去，其他同学就围在第一张桌子旁观察纸上的9个格子是干什么用的。同学们都紧皱着眉头，百思不得其解。

"我们这是要下棋吗？"梓豪忙问。

"不对吧？让我们在里面写字、画画吧。"袁野不确定地问。

···········

同学们七嘴八舌地议论。丁零零，上课铃响了，每个同学快步回到座位，端正坐好。

"同学们，我们已经开学一个月了，来，采访一下，你的心情怎么样？"我走下讲台。

"老师，我挺高兴，在家没意思，而且回来进行的期末考试，我考得比以前进步多了。"旭昌眉眼弯弯，一笑起来黝黑黝黑的脸上嵌着两个可爱的小酒窝。

"海龙，你呢？"我看着他的同桌。

"老师，开学回来我感觉很好，我喜欢开学，喜欢每天和小伙伴们在一起学习和生活。"海龙一板一眼地回答。他平时玩的时候虎头虎脑，正经地回答问题时就变得判若两人。

"再找两位女同学，珈萱你来。"

"老师，我也喜欢开学，在家里，妈妈每天都找试卷给我做。"珈萱面容带着羞涩。

"老师相信每个同学对开学都有自己的感受。接下来，打开刚才发下的这张A4白纸，左侧有9个方格，大家可以把开学以来在学校发生的让你印象深刻的事用简笔画的形式画在9个小格子里，每个小格子一幅画，从中间开始，然后往下按着顺时针的方向依次画出，听明白了吗？"

"听明白了。"大家欣喜着。

"那就开始吧。"接着我开始播放音乐,同学们拿起笔细细回忆开学以来的情景。有的同学静静地低着头思索着,有的同学已拿起笔快速在第一个方格里画着,有的同学还在悄悄地瞄着同桌会画什么。

"同学们,有的同学还迟迟没有动笔,不用担心,我们不是美术课上的绘画比赛,每个人只要真心表达即可。"我看着那几个没有开始画的同学提醒道。

一会儿工夫,有的同学已经开始了第二幅画的创作,就连刚才一直没动笔的同学也快速结束了第一幅图。5分钟,10分钟,15分钟,20分钟,大部分同学都相继完成了9幅画的创作,开始进行局部的修改,还有完成的同学互相交换着,欣赏着彼此的作品。

"同学们,完成的同学可以把右半部分的分享交流中的三个问题,自己按要求写一写,没有完成的同学加油喽。"我一边布置着活动内容,一边鼓劲儿。

10分钟后,全班同学的作品全部完成,大家都开心地欣赏着自己的作品。

"哪位同学来说说九宫格里哪件事情让你最难忘?"我一边说,一边低头浏览着同学们的作品。

"老师,我最难忘的是开学后第二周的期末考试,当我知道我的语文成绩考了全班第三名后,我美滋滋的,晚上都睡不着觉,觉得自己就是一只飞翔的小鸟。大家看,所以呀,我在九宫格的中间第一幅图就是画的我的语文成绩,试卷上面写着第三名,旁边还画了一只小鸟。"勃雅兴奋地表达着,我从她的语气和眯着的眼睛中确实感受了她的那份愉悦与快乐。

"看来这份快乐一直延续到现在呢,是不是现在学习会感觉到越来越有动力,越来越顺心了呢?"博雅用力地点点头。

"还有谁想说?"

"老师,我生气的情绪让我很难忘。上个周四卫生大检查的时候,我负责的卫生区域明明收拾得很干净了,可是一会儿卫生区的文宇同学硬是把我叫下去,说我打扫得不干净,等我从四楼走到一楼时,文宇又说我打扫干净了,让我去帮他打扫,这件事我很生气。"欣蕊同学气愤地说道。

"对呀,现在还能够感受到你的心情不美丽呢。"我双手放在她的肩膀上表示理解。

"哎？当你出现这种负面情绪时，你会采用哪些方法来调节呢？"我微笑温和地问大家。

"老师，我只要做我喜欢的事，心情就会好了。比如看书、骑自行车、打球。"美橦的声音轻轻的、柔柔的。

"美橦说得好，转移注意力可以帮助我们调节情绪，还有吗？"

"老师，我会让自己动起来，帮妈妈扫地、洗衣服、收拾卫生等，也可以调节心情。"我立刻给旭昌点了个大大的赞。

"忙碌是治疗负面情绪的良药呢。"

"老师，我会和妈妈说说自己的烦恼，说出来自己的心情就好了。"

"是呀，梓裕同学说的倾诉这个方法很不错，我百试百灵，大家也可以尝试一下。同学们，调节情绪的方法有很多，只要是适合你自己的都是好方法。同学们，请记住：负面情绪不是洪水猛兽，它是一种正常的情绪反应，我们要接纳自己的负面情绪。"

等一等

开学以来，班上有不少孩子到我这里来控诉"调皮大王"袁野的种种劣行：上课吃东西、不认真听讲、耽误其他同学上课、对别的同学动手动脚……唉，真是"江山易改，本性难移"，我将他一次一次叫到办公室进行严厉批评，并给他调换了座位，希望能让他老实几天。

可不想，相安无事了几天，一天中午，我骑车上班，走到半路，就被一个家长拦住了。"姚老师，你快给钰涵调调座位吧。"

"怎么了？"我不解地问，"钰涵平时表现得那么好，现在的座位也不错，为什么要调位？"

"唉，还不是因为那个叫袁野的同学，他自从调到钰涵后面之后，不仅在上课时总动她的小辫子,有时还用圆珠笔画她的衣服,甚至往她身上吐唾沫……"

我一听血压瞬间飙升:"好,请您放心,我回去一定把这件事情调查清楚,处理好!"

一路上,我越想越气,内心如波浪般翻腾,脑海中不断浮现着开学以来他的种种表现,气愤至极,思绪万千……要不干脆放弃他呢……唉,不行……可我又该怎么办呢……

刚走到教室,我就看见袁野在教室里大呼小叫,一副洋洋自得的样子。我深深呼了一口气,既然不知道怎么办,那就先等等吧。

袁野一看见我走进教室,小跑到座位上坐好,时不时地睥睨我一眼。

一下午我都好似什么事情都没发生一样,目光始终平静地从他脸上扫过。

放学了,我刚要离开办公室,门开了,探出一个黑乎乎的小脑袋,一只小手不知所措地揪着衣角,一脸忐忑地望着我。

"有事吗,袁野?"我笑眯眯地问道。

"老师……嗯……老师,您有时间吗?"蚊子似的声音响起。

哎哟,太阳打西边出来了,他还知道不好意思了。这一刻起,我觉得这个孩子还是有救的:"有呀,说说看,什么事?"

"今天我在教室这么闹,您为什么不批评我?"

"嗯?"我继续一脸平静地看着他,扬眉示意他继续说下去。

"老师,其实我还扯了前面女同学的小辫子,还往人家身上吐唾沫……其实……其实,我就是想……想让大家关注我。"袁野越说声音越小,还不时歪着头观察我的反应,最后直接低下了头。

我找了张椅子,让他坐下来。我拍了拍他的肩膀:"知道吗,袁野,此时此刻老师真高兴,老师看到了一个不一样的你,全新的你。"

袁野猛地抬起了头,歪着头,一脸懵懂地望着我。

我和颜悦色道:"今天我从你身上感受到了你的真诚、你的勇气、你积极的一面。你很了不起!"此时,袁野的眼神倏地亮了起来。

"你想引起大家对你的关注,这是好事呀!咱们每个人都渴望被关注,被认可,被尊重,这是我们正常的需要。那我们有没有更好的方法呢?"我接着启发。

"嗯，我觉得我可以帮老师擦擦黑板，帮同学做做值日、发发作业什么的。"袁野挠了挠后脑勺。

"你的想法我很赞同，你回去之后就可以按照你的想法做做看，一周后我们再谈谈你的感受，好吗？"

他听了我的话，按捺不住了："老师，您说如果我努力了，同学们会喜欢我吗？您会喜欢我吗？"

"你说呢？我一直都很喜欢你呀。"我笑着拍拍他的肩膀，让他回去了。

在之后的一周里，我尽量多关注袁野，我惊喜地发现：他上课有时也忍不住做做小动作，有时也会在教室里上蹿下跳，不过只要我的眼神注意到他，他会马上意识到并纠正过来。特别令人欣慰的是：每天早上，当我和同学们走进教室，地面已经是干干净净的了，桌子也摆得整整齐齐，而他早已坐在座位上写字，我总是不失时机地表扬他。同学们渐渐地也愿意与他接近了。

在平时的教育教学中，我们都会遇到这种调皮的孩子，有时反复地正面说教难以产生正面的积极的影响，这就是我们说的"超限效应"。如果我们不改变我们的策略，学生只会厌烦，甚至和我们对着干。这时就需要我们积极地暂停，适当冷却，就是在这样的等一等、冷一冷中，学生能自己从内心认识到自己的错误行为。当这一契机成熟后，再给予学生积极的关注。积极的倾听与回应能够催化学生的积极行为，最终使问题得到有效的解决，从而让学生朝着我们所期待的方向持续发展。

飞毛腿

秋季运动会报名开始了，我走进教室告诉同学们这件事，同学们欢呼起来。运动员呢？大家出奇地一致，瞬间把目光都聚焦到爱惹祸的小凯身上。小凯长得白白净净，个子不高，很是斯文，可就是这样斯斯文文的外表下却是纯纯的惹祸的体质。小凯一瞧这架势，在椅子上头摇得像拨浪鼓似的，两只手像钟摆似的直摆动，表示他不行。

"老师，我们上操场上比一比不就行了吗？"个子矮矮的小跃小拳头挥舞着打破了僵局。同学们一听全都附和着点头，于是我就把全体同学带到操场上，按照运动会的项目依次进行筛选。一番操作下来，终于选出了男女各6名，共12名运动员。其中，果然如同学们说的那样，小凯同学身轻如燕，腿快如豹，是名副其实、当不仁让的飞毛腿。

接下来，每天早晨一到校、课间操、课外活动时，这12名运动员就在军体委员的指挥下有序到操场训练自己的项目。每次上课预备铃响起的时候，只见这12名运动员大汗淋漓、气喘吁吁地跑回教室。这半个月的辛苦训练，我竟然发现小凯惹事的"本领"下降了。

期间不少同学悄悄告诉我，五年级厉害的运动员都在我们班，我们班肯定是第一。看着同学们亮晶晶期待的小眼神儿，我也不禁期待起来。

终于到了星期五运动会的日子了，12名运动员个个摩拳擦掌，随着发令枪"砰"的一声响，比赛正式拉开了序幕。

"老师，特大喜讯——海龙男子跳远第一名！"则荣兴冲冲地跑来告诉我。

"老师，鸿运男子铅球第二名！"亚轩又跑过来告诉我这一好消息。

"老师，苹霏女子400米第一名耶！"一向内向的钰涵也飞快地跑过来告诉我这一特大喜讯。

…………

不到两个小时的时间，各种赛事的喜讯就像滚雪球一样，越滚越大，接踵而来，我班运动员真是厉害呀！

终于到了振奋人心的1500米的时刻了，轮到小凯上场了。得跑7圈半呀，我不禁担心起来：小凯能坚持下来吗？我到处找小凯，想给小凯个定心丸，左看看，右瞧瞧，近处、远处都没有发现他的身影。哪去了？这时美橦用手指了指在草坪上做各种准备活动的小身影。"老师，小凯在那儿呢！"只见他一会儿左压腿，一会儿右压腿，一会儿往上跳几下，一会前后劈叉……嗯，关键时刻看来挺行！

"各就位——预备——""砰！"随着裁判员的发令枪响，运动员们像离弦的箭一样"噌"地窜了出去。半圈过去了，小凯已经跑到了第一名的位置，我心急如焚，这傻小子，跑 1500 米，还有 6 圈多啊，怎么跑成短跑了，上去就把劲儿使光了，后面可怎么办呢？"小凯加油，小凯必胜……"班上同学们都离开了座位，站到跑道旁边纷纷给小凯助威呐喊。第二圈，运动员们的距离渐渐拉大了，小凯还是一个速度往前冲，第二名同学已经在离他 30 米远的距离了。我担心他坚持不住，大声让他慢点儿跑，保存力量。结果他一边飞速往前跑，一边又往后看，我怀疑他是不是以为我告诉他后面的同学追上来了。就这样一圈一圈又一圈，到了最后他超出第二名同学一圈半。他的身体碰触到终点红线的时候，周围的同学一片欢呼："小凯好样的！小凯真棒！"在同学们的前簇后拥中，小凯不好意思地挠了挠头。

特殊的一员

早上，我还没走到教学楼四楼的走廊，就听到四楼一片嘈杂声，不时传来学生的跑步声，还有人在大声嚷嚷："再快点，你快追！"怎么回事儿？

于是我加快步伐走到四楼，呀！只见走廊上一片混乱。五年级很多来得早的同学，七八个人站在一堆同学后面，不住地给他们加油打气。而最前面的几个"罪魁祸首"则拿着笤帚、拖把，甚至扫帚，不住地往上边捅。旁边的同学还时不时地指挥着："往前挪一点，再往后挪一点。哎呀，你行不行呀？不行换我来。"

这时有同学瞄见我走来了，小声告诉我，飞了一只麻雀进来。其他同学一见我过来了，立刻放下了手中的工具，端正立好。

我循着叽叽喳喳的声音望去，只见一只小麻雀正颤抖地站立于窗户的顶端，小心翼翼地在那里左顾右盼。两只圆溜溜的小眼睛不停地四下张望，不时发出鸣叫声，是那样无助、害怕。可怜的小家伙，我来给你解解围吧。于是我大声说道："早读开始了，大家该干什么干什么，都散了吧。"等走廊上的同学散尽之后，我也走进教室开始了早读，开启了第一节的语文课，走廊上终于归于平静。

正当同学们在津津有味朗读的时候，这时我听见一阵阵嘀咕、异样的声音。我顺着声源望去，用眼睛询问他怎么回事，这时小韩同学用手指了指头顶上方的灯棍儿，我顺着他的手指往上一瞧。哟！这不是早晨我看到的那个小家伙吗？只见它悠然、惬意地站在同学们头部上方的电灯棍上面，静静地立在那儿，不发出一点儿声音，生怕打扰了同学们读书似的。

这时教室里读书的声音戛然而止，静悄悄的，孩子们全部和我一样，扎着脖子往上看，生怕惊扰了小鸟。这时，也许因为教室里突然安静了下来，小鸟一下子没有适应过来，在灯棍上来了个"圆木翻跳"高难度的动作，跳完之后还嘚瑟地抖了抖它那帅气的小尾巴，和早上见到的那个惊慌失措的小家伙截然不同。看来小动物是有灵性的，它感受到了这个班的学生不会伤害它，于是来了这个"避难"的场所。

于是我问道："大家认识这只小鸟吗？"大家你看我，我看你，一脸茫然。"老师，今天早上我坐班车来得早，看见其他班同学都在走廊上追赶它、欺负它。"小野同学站起来说道。同学们恍然大悟，点了点头。

这是小昌问道："那它什么时候进了咱们班教室了呢？我怎么没察觉？"大家都摇了摇头。这时我笑着说："首先我要为大家点一个赞，同学们上课这么专注，它也许是被同学们专注的魅力以及朗朗的读书声吸引进来了呢。"这时同学们哈哈大笑起来。"那大家欢迎这位新同学和咱们一起上课吗？""欢迎……"全班热烈的掌声响起来。"那好，我们现在 46 位同学一起继续上课。"也许是因为突然多了一位成员，接下来的课堂上，同学们表现得异常认真，异常精彩！一节课就这样有序地过去了，没有嘈杂，没有喧闹。

下课了，同学们都围在那个灯棍下面，仰着脖子叽叽喳喳，有的说中午在食堂吃饭的时候带些食物回来给小鸟吃。有的说要是别的同学欺负它怎么办，还有的说要把窗户打开还小鸟自由。

下午的时候，同学们告诉我，小鸟不知什么时候从窗户飞出去了。它什么时候还能再回来？

惹祸体质

晚上，五年级一班的班主任许老师打电话来："毕老师，我们班的一个小男生从小有小儿麻痹症，走路一瘸一拐的，平时同学们都尽量避免与他发生肢体上接触，以防他摔倒。今天下午课间活动的时候，我班的这个孩子上厕所返回的路上，被你班的小凯同学从后面推了一把，跌坐在了地上，小凯同学还做着鬼脸，笑着幸灾乐祸地跑开了。今天晚上他的家长打电话找我了，所以我告诉你一下。""好的，许老师，我知道了，明天上学我处理一下。"放下电话，我的脑中不断浮现出这个孩子开学一个月的表现。

"老师，小凯老是揪我的小辫子。"坐在小凯座位前面的珈萱烦躁地说道。

"老师，小凯动不动就打我一下。"班上壮壮的亚轩很是气愤。

"老师，我和小凯一年级、二年级、三年级、五年级都在一个班，从一年级他就打我、骂我、欺负我。"浩然委屈地说。

"老师，你班小凯下课的时候踢了我一脚。"临班五年级的一个同学告状道。

"老师，你班的小凯同学一看见我就说脏话骂我。"我走在长廊里，时不时就有其他班的同学向我"参他一本"。

"毕老师，你们班小凯昨天晚上走路队的时候，把我们班四年级的一位同学推倒了。"四年级一班老师早晨到教室来找我。

一桩桩，一幕幕，从低年级到高年级，从男同学到女同学，从一楼到四楼，一个同学他都不放过，都是他先动手惹事的场景，真是多动、惹祸的性格啊！

经过调查与了解，我知道这个孩子来自一个离异家庭。妈妈在餐厅工作，平时工作忙，无暇照顾他，他天天都是一个人在家里，完全是属于放养、散养型的。后来妈妈又重建了家庭，现在有个小妹妹上三年级了。我平时和他家长沟通，都找不到家长的人影，打电话不接，发信息不回。试想在这样的一个家庭里，孩子现在只是动个小手，骂个小脏话，其本质还是一个单纯的孩子。每次出现这样的状况，我批评也好，耐心规劝也罢，每每他都是飞快地改嘴："老师，我错了，再也不敢了。"但刚说完转个身儿就忘了，依然我行我素。明天怎么处理呢？

第二天，我来到班上，看见小凯正在座位上早读，于是我招了招手把他叫到教室外面，开门见山问："你认识五年级一班那个腿不好的男生吗？"

只见他马上警铃大作，两只小眼睛滴溜溜地警惕地看着我："认识，老师，昨天我做错了，不该把他推倒。"瞧瞧，理直气壮地认错，惯犯一个！

我笑了笑，摸着他的头，继续道："哦？还有呢？"

"老师，我再没干什么呀？"他眨巴眨巴眼睛，一脸疑惑道。

"那你觉得他是装着这样一瘸一拐地走吗？"

"不是。"他看着我回答。

"是呀，我听说他是从小就遗传了这种病，"接着我的话锋一转，"我发现你模仿能力特别强，来，你模仿一下五一班的那位同学是怎么走路的。"他起初不乐意，后来见我不是开玩笑，便慢腾腾地在走廊上模仿着一瘸一拐地走起来，一边走一边看着我。

"嗯，模仿得真像。"我点头示意他继续。

"好，再继续……"

"再继续……"

就这样，走廊上出现这样一个场景：一个老师站着，一个学生从走廊东瘸着拐着走到走廊西，再从走廊西瘸着拐着走到走廊东，反反复复，不停地走。时不时有同学路过捂着嘴笑。偶尔有别班老师路过问我怎么回事。我笑而不语。

就这样，15分钟时间过去了，我走到他身边问道："你此时什么感受？"他低着头说："老师这样走路特别扭，不舒服，不好。"

"还有吗？"

"老师，以前我没觉得什么。嗯，刚刚有同学、老师看我这样走路，我觉得很尴尬，不好意思。"说着还用手挠了挠头。孺子还是可教也。于是我顺势说道："是呀，短短15分钟，你就感受到了尴尬，那五年级一班的那位男生，11年来都是这样走过来的，他的身体、他的心灵每天都不知道承受多大的尴尬与委屈。他很羡慕你有这样一个健康的身体啊！"

"老师，我就是觉得好玩，以后再也不会欺负他了，谁欺负他我会保护他。"

"老师相信你能做到。"我拍了拍他的肩膀,然后用手指了指五年级一班的教室,只见他心领神会,"嗖"的一下窜了出去,跑到了五年级一班的教室。

课间操,我在操场上遇见了五年级一班的那位同学,于是走过去问道:"我班小凯同学和你道歉了吗?"

"道歉了,老师,我原谅他了。"

"嗯,你真是个宽宏大量、宽容的孩子。以后我班同学如果有人欺负你,你尽管告诉我。"

说"不"没有错

威龙和朝杰是一对好朋友,刚上五年级时睡午觉,每个班级都发了一个长长的隔寒垫,我发现每次威龙和朝杰都睡在一起,紧紧地挨着对方。他俩因为说话不遵守纪律,每次都被督导队员抓到。每次排队做操时,总能看到他们两个形影不离。每次下课时总能看到他们两个勾肩搭背,简直比亲兄弟还亲。

有一天,我突然发现朝杰同学总是一个人时不时地坐在座位上坐着发呆,眼睛都不眨一下,以前脸上的笑容也都消失不见了,要么就单独行动,一个人下课孤零零地上洗手间,孤零零地去吃饭,晚上孤零零地放学回家。我看见朝杰和威龙偶然间碰一个面儿,他们俩的目光也飞快地躲闪,然后头一低,各走各的。奇怪,这两个人怎么回事?闹矛盾了这是?

今天是星期四,中午全校大扫除,朝杰同学负责的是卫生区域,我特意溜到卫生区域去巡视了一番,只见朝杰耷拉着眼皮儿,无精打采的,拿着扫帚一下又一下无力地扫着没有一点儿垃圾的地面。我把他领到卫生区的一角,开玩笑地问:"怎么今天没吃饱饭吗?"

朝杰牵强地动了动嘴皮,简直比哭还难看。

"老师感受到你的不开心了,怎么回事?能告诉老师吗?"我俯下身子与他对视,朝杰扯了扯嘴唇,没发出任何声音。

"怎么不相信老师？"我歪着头微笑着。

"也不是不能告诉你。"朝杰吞吞吐吐的，竟然哭了起来。

"是不是和威龙发生矛盾了？"我把手放在他的肩上。

本来正在低头擦眼泪的他猛地抬起头，睫毛上还挂着泪珠，"老师你怎么知道？"

"呵呵，老师有一张透视眼呀，"我摸着他的头，"说吧，你们俩发生什么事了？"

"老师……老师，上个周末威龙数学作业没写，他打电话给我，让我把我的作业拍照片发给他，我说不行，这对他不好，结果他气嗖嗖地挂了电话，从那时开始，他看见我也不打招呼了。"朝杰有些委屈又有些生气。

"你不借作业给威龙抄，作为朋友，是为他着想呀，你做得很对。可是威龙竟然不识好歹！"说着，朝杰的眼泪又唰唰地流下来。

看来朋友在朝杰心里看得很重，他不想失去威龙这个好朋友。其实不光是朝杰，每个同学都很重视自己的朋友，如果拒绝了朋友的不合理要求，会影响朋友的友谊，也不好意思拒绝。我该怎么引导呢？

又到班会课了，我把孩子们带到操场上，告诉大家做个解手链的游戏。"同学们，按照我的指令，男女各分成两个小组，每个小组快速围成一个圈，然后分别和你相邻的同学左右手交叉。看吧，我们的手链已经连接好了，下面我们要做的就是想尽一切办法把这手链解开，明白吗？"我大声询问。

"明白。"孩子们齐声回答。

"开始！"我手势一挥，大家立刻开始行动，有的同学开始慢慢地转起来，有的同学则在着急地抢着提供自己的金点子，让解不开手链的同学用另一种方法试试。每每解开一个手链，同学们立即爆发出欢呼声，一时间操场上热闹极了。渐渐地，声音小了，已有两个小组的同学顺利解开了手链。

"同学们，在这个游戏当中有什么收获？"

"老师，我觉得一种方法解不开时，可以灵活地运用其他方法。"子赫立即说。

"对呀，办法总比困难多。那从这个手链，如果换成咱们同学之间的心结呢,你有什么想说的?"大家都在沉思中。

"人与人之间交往难免产生一些矛盾,这样的烦恼,人人都有,你们有,老师有,爸爸妈妈也有。尤其是当对方提出一些要求,也就是一些不合理要求时,有时我们会感到很为难,想拒绝,说不出口,怕影响友谊;但勉强答应自己,又很苦恼,这时我们该怎么办呢?"

有的同学不由自主地点头附和,看来不止一个同学遇到过这样的情况,"这不,我儿子昨天晚上回家告诉我有朋友向他借作业抄。我儿子想,如果给朋友抄的话,是害了朋友,不是真正的朋友。可是他又不好意思拒绝,所以心里很烦恼。当我们遇到这样的不合理的要求时,我们该怎么办呢?"

这时一个同学抓了抓耳朵,有的同学则冥思苦想。

"下面我们就根据刚才我儿子的这个情境,小组内分角色表演,把你们想到的拒绝的方法演出来吧。"各个小组立刻沸腾起来,开始角色扮演。

"时间到!哪个小组想上来展示一下?"我环顾四周,梓裕和致成走了出来。"老师,我们来!"梓裕答道。

梓裕:"你把数学作业传给我用用吧,我昨天没来得及写。"

致成:"咱俩是好朋友,你有困难时首先想到我,我很高兴,可是抄作业对你来说只有坏处没有好处,呃,作为你的好朋友,我不能借给你。但你可以把不会的数学题告诉我,咱俩一起研究呗。"

梓裕:"那好吧。"

表演结束,操场上响起了热烈的掌声。

"你们觉得这个表演怎么样?"

"致成同学在拒绝时,考虑到了别人的感受,我觉得很好,易于接受。"我朝袁野赞赏地点点头。

"我觉得他们的表演好在能够讲清拒绝的理由,知道这样做不是真正的好朋友。"浩楠补充道。

"还有,他们的表演还提出了可行性的建议,这也不错。"浩宇站起来说。

"看吧,同学们这样真诚委婉地拒绝对方,既不会损害情谊,又会得到对方的理解。记住,拒绝是每个人拥有的权利,真正的朋友不会因为你的拒绝而友谊破裂。"

第二天,我发现威龙和朝杰又和好如初了。

南风吹

"老师,管管我们家的孩子吧。他早晨起来就开电视,连吃饭、写作业也要看电视,我们拿他一点办法也没有……"这确实是老师、家长最头疼的一件事。看电视有好处,但不利因素也很多,如浪费时间、损伤眼睛。

作为班主任,我会每天晨会、夕会都要重复一遍"回家不能看电视"。两周后,我走访家长,结果不尽人意。学生不但没有减少看电视的时间,反而增加了。为此,今天的班会课上我大发雷霆,教室里一片静默,大家大气也不敢喘一口。

下课后,我浑身无力地走回办公室。办公室的丁老师看我这个样子,关心地问:"这是怎么了?"

"哎,甭提了,气死我了。"于是我就一股脑把烦恼讲了出来。

"来,别生气了,考考你,你说,北风和南风,谁能把行人的大衣脱掉?"

我不假思索,理索当然道:"当然是北风啦,风大呗!"

"你再想想。"

…………

是呀,北风劲大,可越刮,行人把大衣裹得越紧;而南风徐徐,轻柔温暖,行人自觉地把大衣脱下。南风之所以能达到目的,就是因为他顺应了人的内在需要,使人的行为变为自觉。这"南风效应"和孩子喜欢看手机不是一个道理吗?我一味地制止只会适得其反,正确地引导才是根本。既然强制不行,那为何不换个方式呢?

于是,第二天的晨会上,我来了一百八十度大转弯,郑重向学生宣布:"老师允许你们看电视,而且还通知你们的家长。"刚说到这儿,孩子们你看看我,我看看你,很吃惊,等了一秒钟,教室里响起了热烈的掌声。接着我说:"但是我有个要求,你们看完后,要完成一个任务:要把看到的节目记录下来,并且写出自己的感受。"孩子们听后高兴得手舞足蹈。随后,我特地去买了电视报,每天向孩子们推荐一些适合他们看的电视节目,并把播出频道、播出时间、播放长度告诉了他们。说实话,我心里也没底,也不知道这样做行不行。但我还是想试一试。

第三天早上,我刚进教室,学生们全都跑到我面前,把自己记录的节目内容以及感受拿给我看。看着孩子们高兴的样子,我知道这样做有戏,为何不趁热打铁,借此机会,让孩子们畅所欲言呢?于是,我笑着对孩子们说:"现在,我们来个'你谈我论'怎么样?谈谈自己的感受,论论节目的好与坏,评评电视剧以及人物、语言、情节,讨论一下哪些节目有益于我们成长,哪些节目不适合我们看,大家愿意吗?""愿意!"孩子们异口同声喊道。这下,孩子们更高兴了,你一句,我一句,说得有理有据,一板一眼的,积极性被调动起来了。我在心里偷着乐:成功了,这个做法很受孩子欢迎。现在我们班每天都有一个"你谈我论"的时间,孩子们很喜欢。

我们班的任课教师最近也高兴地对我说:"毕老师,你们班的学生变了,学习有兴趣了,上课回答问题也积极了,而且说得非常好,你用的什么好办法呀?真有你的!"我笑而不语。

一个月后,我又一次走访家长,家长们这次看到我,高兴地说:"毕老师,你可真有办法,我们家孩子,现在从不乱看电视。有时我们想和孩子一起看电视剧,他就说'我们老师说了,小孩子不能看大人的电视剧,应该多看一些少儿电视节目'。而且现在学习也不用督促,也懂事了,真得感谢你啊老师!"我说:"孩子有进步,我当老师的也高兴啊!"

同一件事,采取的方法不同,效果也截然不同。学生也是有思想、有认识的人,我们不能一味简单地运用"严禁""不准""不能"等强制手段或命令的口气,应该科学地处理教育教学中出现的各种问题,实行温情教育,让学生在看中学,学中看,自己教育自己,事半功倍。

入场式

　　运动会上，我们班最终取得了第一名的好成绩，被评为优胜班级。既然开运动会，那自然就少不了入场式了。

　　周一开班会时，我和同学们商量了一下入场准备什么节目。同学们你一言我一语，最后定板在跳舞，全班18个女同学全部上阵，男同学表示弃权。随即我告诉孩子们，我完全帮不上忙：唱歌跑调，跳舞虽然肢体协调，但是动作僵硬。这项艰巨的大工程就完全依靠大家了，大家纷纷表示没问题。

　　周二中午吃完饭，我到教室看见少了一大片人，清一色的男生。男生们说："老师，女生都到操场上训练入场式了。"真有劲头呀！

　　晚上放学时，班长梓裕背着书包来到我的办公室。

　　"有事吗？"我转过脑袋问道。

　　"老师，我想问问您，我会拉小提琴，入场式上可以上去展示吗？"梓裕看着我。"当然行啦，欢迎咱班的第一位男士参加，不过我不知道女同学准备的歌曲的名字，明天你可以问问他们。"

　　"好的，老师，那我走了，明天见！"

　　"嗯，再见。"

　　隔了一天，周四的早上，班长梓裕把小提琴带来了："老师，我已经拉熟练了，可以拉给您听听吗？"

　　"这么快！"我大吃一惊，"等会儿早读的时候，你拉给我和全班同学一起听听怎么样？""好的！"梓裕一脸自信地回答。

　　"同学们，咱们班长说他会拉小提琴，入场式上也想为班级出一份力。大家就应该向梓裕同学这样，事事带头，冲在前面。来吧小子，拉给大家听听吧。"只见他在同学们的注视下，大大方方地走到了讲台上，摆好姿势，紧接着拉起了小提琴，一首优美的乐曲浸入同学们的耳朵。一曲完毕，大家自发地响起了热烈的掌声。

　　这时致成同学站起来："哎？梓裕，咱俩是好朋友，我怎么不知道你会拉小提琴？还拉得这么好！"

"咱班长真是多才多艺呀!"同学们都投来羡慕的眼光。

"这首曲子叫什么名字?"我问道。

"《骁》——"同学们异口同声地回答。

"《骁》啊,我还没听说过。班长这么快就练出来了,而且还这么熟练!"这小家伙的记忆力也太强了吧。

"老师,周三晚无作业日,晚上吃完饭我就上网查了查小提琴伴奏曲,结果网上没有。于是在妈妈的帮助下,我们自己出炉了一首小提琴伴奏曲。我一晚上就会了。"瞧,这还是个行动派!

刚说完,同学们更是佩服得很。于是我趁热打铁:"哪位男同学有才艺? 都可以上场展示啊。"此时男同学们都大喊一声:"好!"

我又问女同学:"大家的舞蹈练得怎么样啊?"这时文艺委员彗羽站起来答道:"老师,因为入场式展示的时间只有2分钟,我已经把音乐裁剪好了。舞蹈动作由咱班学习委员芮麟同学每天晚上练习几个动作,第二天中午我们就在操场上练习,现在大家的动作都已经记得差不多了,就是还不够熟练。"

"咱班男女同学都真有才,棒棒的!"

接下来,每天中午,参加入场式的同学都早早在操场上训练了。

直到周六下午,我看见班级群里有家长发了一条视频。我带着疑惑点开一看,一个个人穿着统一的红色服装,拿着扇子在文登学公园翩翩起舞,直到拉小提琴的梓裕的身影出现,我才后知后觉是我们班入场式的同学呀。他们胆子都太大了,20多个人是怎么到达文登学公园的? 衣服和道具是从哪儿来的?

于是周一早晨一到教室,我就询问了一番。原来周六有部分同学是家长接送的,家长没有时间接送的就自己坐公交车去的。看吧,孩子们解决问题的能力不一般。

"那衣服和道具是怎么来的呢?"这时文艺委员说:"老师,我们上网找的,价格不贵,一套下来连着扇子才23块钱左右,然后我们就和家长商量买了下来。"本来我还寻思最后给孩子们借一套衣服,看来用不上了。

"大家想得周到,做得也不错,以后关于彩排和买衣服道具的事情,事先要和我说一声哈。"

"好的,老师,您这次不是说让我们全权负责吗?所以我们就没告诉您。"哈哈,权力放大了。

终于到了周五运动会,入场式上,同学们熟练地展示,从表情到动作无不体现了平时训练的结果,梓裕在前方拉着小提琴,在一侧有打跆拳道的⋯⋯热闹非凡。

在所有同学的努力下,我班又获得了精神文明奖。

校草

操场上音乐声、呼喊声、加油声,声声入耳,这是干什么?对!秋季运动会开始了。现在是男子1500米的比赛,我班浩然同学正挥动着手臂,迈着大步努力地奔跑着。"浩然加油⋯⋯浩然,追上去就剩最后一圈了⋯⋯"我班的观众围在操场外围不住地呐喊,不住地跳起来,挥舞着手臂。终于,在同学们的鼓劲呐喊中,浩然第一个冲向了终点,男同学立刻冲上去一把搀住了浩然,以防跌倒。

同学们都兴高采烈地走回教室,这时五年级八班的军体委员走过来,笑着说:"老师,你们班校草跑得不错,把我们班的高手都给PK掉了。"我扭头看向他:"什么校草?"

"呵呵,就是你们班浩然同学呀,他是全校公认的校草。"他贼兮兮地摆了摆手。

"哈,校草是什么?"我假装好奇地问。

"哎呀,校草就是长得帅啦。"说着他还用手捂住了嘴。

"咦?我看你长得白白净净的,不错啊,你也能够成为校草,如果是我,我会投你一票。"我调侃道。

"嘿嘿,我可不行。"他笑着跑开了。

现在的孩子这么小,还评出校草了。我笑着摇了摇头。

校草是非多，1500米冠军的校草更是惹人注目。

今天是星期四，最后一节课要打扫卫生，同学们都各就各位地干着自己的活儿，不一会儿佳瑶跑过来，小声告诉我："老师，浩然的脚崴了。"

"啊？在哪儿崴的？"我一惊，放下了笔。

"我刚看见，在那边走廊的台阶处。"佳瑶用手指了指大体方位。

我匆匆站起来，"你知道是怎么崴的吗？"

"我不知道，老师。"我一溜烟地跑了出去，跑到了佳瑶刚刚指的方位，咦？人哪去了？看来是不严重，要是严重的话，人肯定走不了。我心想。

于是我顺着楼梯往下走，想瞅瞅他到底上哪儿去了。我一边走一边看着来往的学生人群，始终不见他的踪影。我来到二楼的楼梯口朝窗外看去，那是我班的卫生区，入眼是一地的清扫工具，我们班的同学呢？

只见在一棵大树的旁边，个头高的子赫同学正抱着浩然往教学楼的方向走去。不一会儿他们就走到了二楼台阶处，因为是往台阶上走的，抱起来更为吃力，旁边还跟着两个同学，一个帮着抬腿，一个忙着帮着抬头。而享受着公主抱的浩然同学则是面朝上，笑得那么开心，那么明媚。看见我时子赫脚步一顿，浩然则立刻皱着黢巴巴的小脸儿挣扎着要下来。

"下来吧，我看看。"

他一条腿着地，一条腿抬着，同学们在旁边搀扶着他，生怕他摔了。我挽起他的裤腿，轻轻地捏了捏，"疼吗？"

"有一点儿疼，老师。"他佝偻着身子。

"来，我们扶着你慢慢往上走试试。"于是他一瘸一拐地往前走。慢慢地，他那只受伤的脚能够着地，能够发力，随着我们一起到了教室。

"怎么崴脚了？"

"老师，我在走廊上跑着跑着，不小心就崴脚了。"

"嗯，这个理由能说得过去，你跑什么？谁在后面追呀？"我无意地问。

"呃……呃……"他目光躲闪，不敢看我。

看来有猫腻，我眉毛一挑，望向他。"老师，是五年级二班的一个女同学，她在后面追我。"他蚊子似的声音响起。

"好吧，今晚回家好好休息。"我嘱咐道。

紧接着我又打电话给浩然妈妈，说明了情况。后来我们班的岚清同学告诉我，二班的那位女同学喜欢浩然。一下课，那位女同学就在教室外等浩然，每次一看见浩然就冲过去和他疯打闹，很多时候都看到浩然在前面跑，二班的女同学在后面追。我笑而不语。

浩然妈妈给浩然请了几天假，我问浩然是怎么对妈妈说崴脚的，浩然妈妈说浩然是不小心扭到的。

好感是学生时代最美好的悸动！

天天向上

个子小小的、瘦瘦的，白白的瓜子脸，她就是勃雅。

我每天中午都领着同学们看视频，练习书写。一个月之后，她的字还是小小的、圆圆的，写得不伸展。除了写字之外，她其他方面的表现还是不错的。

家访时，我听她妈妈说，勃雅是四年级才从威海转来我们文昌小学。她在原来的学校表现特别糟糕，上课多动，在位子上静不下来，屁股不停地扭来扭去，语文、数学都不及格。班上的同学都不喜欢她，她特别孤单，没有朋友。后来她告诉妈妈，她感觉上学没意思，而且上课的时候总是感到尿急，可是一上厕所就没有尿意了。到最后，这孩子一天也不上厕所，憋着回家再上厕所，而且孩子不知道从什么时候起，一着急的时候就开始不停地眨眼睛。妈妈说担心孩子上初中就是一个差生，最终和爸爸商量了一下，把勃雅转到了我们学校。

听着妈妈说了一个多小时孩子的不良行为，看着她皱皱的眉毛，听着她快速的语速，我能感受到父母的焦虑。可是我的脑子里却浮现着孩子一个月以来的在校综合表现：课堂上，孩子安安静静、规规矩矩地坐在座位上，时不时大大方方地起来发言；课下，她会时而上前来和老师说个话，时而坐在座位上津津有味地看课外书，哪有勃雅妈妈说的那些不良行为呢？

　　和勃雅妈妈的家访结束后，我在班上开始特意留意这个孩子，默默地观察着她。当她上课积极发言踊跃时，我会在同学们面前向她竖起大拇指，以增强其自信心；当抽写词语小测有进步时，我会把她搂在怀里，告诉她按照这样的成长速度，她的进步空间很大。当她书写进步不大时，我会在下课时间偷偷地把她叫到跟前，告诉她写字时怎么顿笔，怎么写伸展，怎么写美观，然后手把手地指导她写好每一个字。我发现她特别喜欢看书，总会走到她面前轻轻地摸摸她的头，暗示她看书的孩子是最棒的！发现她的写作水平又提高了，我会在全班同学面前让她大声朗读她的作品……渐渐地，孩子的眼里光芒越来越多，脸上绽放的笑容也越来越灿烂。

　　今天下午，孩子们吃完午饭打扫完卫生后，在教室里要么看书，要么趴在桌子上睡觉。这时我看到勃雅的桌子上摆着一本数学练习册，两只眼睛一眨不眨地盯着书看，一会儿眉头紧锁，一会儿拿着笔在纸上画着、算着，一会儿又把笔放在嘴里轻轻地咬着，正当我目不转睛地看着她时，她好像有心灵感应似的，抬起头拿着书走到了我面前来了。"老师，我想去请教个数学问题，可以吗？"

　　"好呀。"我莞尔一笑。只见她走到军体委员梓涵的桌子前，把练习册放到她面前，虚心求教。两个人一个在认真地讲着，一个在虚心地听着。勃雅这样一个好孩子、努力的孩子，难道还像她家长说的那样让人发愁吗？

　　新冠疫情居家上网课时，我每每看到端正坐在电脑前的勃雅，听得那么认真，那么努力。大课间集体进行视频做操，勃雅总是按照老师的要求开着视频，一丝不苟，一板一眼地坐着操。她每天晚上都会在QQ上及时提醒我："老师，您还没有发布作业。"班级布置的实践活动、体育小达人比赛等，她都踊跃报名，积极参加。

　　开学后，学校进行了寒假期末检测，成绩下来，勃雅各科成绩都有进步，语文成绩竟然在班级排第三名。当我把孩子的成绩告诉她妈妈时，她妈妈喜极而泣，笑着告诉我她心里亮堂多了，对姑娘也有信心了。当我把这样的好消息告诉勃雅时，勃雅竟然有些羞涩。孩子，祝你天天向上。努力哦！

改头换面

　　刚上完语文课,下课后我打开手机,看到雨辰奶奶给我留了一条信息:"老师您帮忙管管雨辰,我这个当奶奶的管不住他呀,他天天晚上回来玩手机。不让他玩儿,他就是不听,也不知道什么时候就把手机给偷偷拿走了。"

　　回到办公室,我拨打了雨辰奶奶的电话:"雨辰奶奶,我刚刚下课,雨辰晚上回家都干什么呀?"

　　"老师呀,他来家就知道玩儿手机,我不让他玩儿,他也不听。"雨辰奶奶告状道。

　　"您知道雨辰什么时候写完作业吗?"我打听道。

　　"老师,雨辰回家,我从来没见过他写过作业,每次问他作业写完了没有,他都会告诉我,作业早就在学校里完成了。"雨辰奶奶咕噜着。

　　"他爸爸妈妈呢?"我有些疑惑,管孩子的学习本该是父母的责任,怎么都交给老人了呢?

　　"哎,老师不瞒您说,雨辰爸爸妈妈在孩子上四年级时就离婚了,孩子跟着爸爸,平时雨辰爸爸得出去干活挣钱,短是一个月回来一次,长的时候呢,半年回来一次,雨辰就一直由我来照顾。"奶奶既痛心,又充满着对孙子的疼爱。

　　雨辰奶奶这么一说,我想起来了,从开学到现在,每天早上收作业我都没有收到雨辰的作业,每次问他,他都告诉我忘拿了,放在家里了,甚至还有几次在别的同学的作业上写上自己的名字。原来问题出在这,他根本就没有写作业。

　　"雨辰奶奶,幸亏雨辰有您每天照顾着他,我们每天都布置作业,孩子开学这些日子也确实有点儿淘,别的方面都不错,就是作业交不上来。以后雨辰再有什么状况,请及时告知我。"我叮嘱着。

　　"好的,老师,别忘了帮我管管孩子玩手机的事啊,你说我也不会教他,他的姑姑和他爸爸两个人也没让我操这么多心。"雨辰奶奶怕我忘了,一个劲儿地嘱咐着。

　　"好的,雨辰奶奶,您放心吧。"我安抚着。

　　中午,我领着孩子们到餐厅吃完饭。回到教室,看了看雨辰的座位,雨辰个头矮,所以坐在北面从前面数的第三个座位。稍打量了一下全班的座位,我把雨辰的位置和南排第一个座位的子轩调换了过来(南排是单独成一排,没有同桌)。

雨辰一听到换座位,明显愣了一下,就开始默默地收拾起自己的桌箱。不一会儿工夫,他就把自己的东西放在了新的桌箱里,开始补起作业来。

看着坐在前面看似乖巧的雨辰,虽然个子有点矮,但长得虎头虎脑,圆圆的头,圆圆的脸,除了不完成作业,其他方面表现还真不错。孰能料到就是这样一个好孩子,因为家庭的变故,对手机上瘾而不完成作业呢?雨辰奶奶看在眼里,急在心上,担心孩子被手机掌控着。

"雨辰,你先出来一下。"我轻声叫着。

"哦。"雨辰应了一声,放下笔,跟着我走出教室。

"为什么没写作业?"我直直地盯着他。

"老师,我写了。"他一开口就低下了头。

我一言不发,就那样直勾勾地看着他,看着他低下了头,看着他又抬起了头,看着他两根食指不停地抠着两侧的裤子。

雨辰见我不吭声,两个手指抠得越来越快了:"老师,老师,我没写作业。"有些吞吞吐吐。

"老师早就知道你没写作业,知道老师为什么没有在班级里当着同学们的面批评你,知道老师为什么一次次给你机会吗?"我语气平和,但目光咄咄逼人。

这时雨辰眼睛有些发红,两根食指动得更快了:"老师,对不起。"

"雨辰,你不是对不起老师,你是对不起你自己。老师一直相信你是个好孩子,只是暂时有些贪玩而已,所以一次次给你机会,寻思这么懂事的你一定能够自己认识到自己的不足。"说到这儿,我停下了,就这样静静地看着他。

"老师,我每天晚上都没写,偷偷拿手机玩了。"他的泪珠淌了下来。

"你给老师的印象非常好,在老师心目中,你是一个非常优秀的孩子,上课积极发言,书写美观大方,班级的活动热心参与,对待同学也很热情。但一次次看着你玩游戏不写作业,老师真的是很痛心呀。老师不想让手机耽误了你。"说着,我的两只手用力地按着他的两个肩膀。

雨辰一边听着，一边抹着眼泪。

"雨辰，你觉得手机怎么处理着好呢？"我细声询问，软硬兼施。

"老师，我让奶奶帮我保管起来，锁起来，我以后再也不玩了。"他好似痛改前非道。

"雨辰有这么大的自制力，我很佩服。现在的生活，人人都离不开手机，少玩点儿也是可以的。周一到周四晚，咱们全班都是不能玩手机的，周五、周六、周日，老师允许你玩半个小时，你看行不行？"

"行，老师。"雨辰不加思索地答应道。

"好，以后这三天半个小时玩手机的时间，需要奶奶签字，周一带给我，能做到吗？"

"能，老师。"他信誓旦旦地说。

"老师相信你，雨辰，一定要记住手机可以是玩具，但老师更希望手机能够成为你的学习工具。"我语重心长地说。

雨辰郑重地点了点头。

蔫了

分班第一天，四年级班主任曲老师告诉我，我班分了个学霸，全年级第一名。我去四年级领学生的时候认识了他：圆乎乎的大脑袋，一看就是个聪明的脑袋瓜，浓眉大眼，闪烁着智慧的光芒，个子矮矮的。

国庆节回来，德育处在班主任QQ群里发来通知，竞选大队长开始了，发布了竞选的要求和比赛方案。我立刻转发到班级群，号召有意向的同学踊跃报名。竞选大队委的比赛就这样紧锣密鼓地开始准备了。

这天刚下语文课，军体委员梓涵悄无声息地来到讲桌旁边，趴在桌边，眼睛眯成一条缝，贼兮兮地告诉我："老师，这次我报名了竞选大队长。"我正在批作业，看着他小有目标的样子，"嗯，不错。"他咧开嘴笑了。"你准备得怎么样？"

"老师，去年我在四年级时竞选的是副大队长，大队长是五年级的一个同学，这次我也上五年级，所以我想竞选大队长。"这个话咋有些不对劲呢？因为是五年级，所以不用竞选就可以顺利晋级大队长，是这么回事吗？我刚要叮嘱他不可轻敌，万事都要好好准备。正在这时候上课铃声响了，我还没来得及说，他就一溜小跑回到了座位上。后来我也忘了这件事。

终于到了竞选大队长的时候，是个星期三的下午，梓涵同学穿着藏蓝色的长袍子，宽宽的长袖边儿，宛若一副评书先生的形象。我周三下午没有课，就到比赛地点给梓涵同学加油鼓劲。

我走进会议室，正好轮到梓涵同学上场进行自我介绍，我立刻拿出手机对准他，"咔嚓咔嚓"拍个不停。

"大家好，我是五年三班的梓涵，我自信开朗……"只见他一上台就磕磕巴巴，接着竟然还拿起了草稿纸，照着提前准备的文稿念了起来。这是怎么回事？是看见我在这里紧张地忘了词了，还是没有做好准备？我摇摇头。这大队长肯定不是梓涵了。

放学时，梓涵静静地收拾着书包，一会儿瞧我一眼，然后又迅速地低下了头，继续收拾，他是不是也觉得自己今天的比赛有失水准呢？

时间一天天过去，我每天都关注班主任群消息，想第一时间知道竞选结果。三天后，终于公布成绩了，大队长第一名是四年级一位女同学，而军体委员子涵同学屈居第二。但我到达教室告诉梓涵这一消息时，他那白皙的小脸上一丝表情都没有，就那样毫无表情地望着我。

"子涵，子涵。"我用手在他的眼前摆了摆，这时他才眨了眨眼睛，眼里有一丝泛红，情绪低落，喃喃道："知道了，老师。"说完他默默地转身离去。看来这次对他来说是挺大的打击，我想过几天再和他推心置腹地聊聊，不想又迎来了居家网课学习。

"同学们，这次线上运动会男女各六名同学参加，想报名的同学请 QQ 私聊我。"不一会儿，就有不少同学给我留言报名参加，可唯独没有梓涵。

"同学们，这次综合实践活动是做一个自己拿手好菜，每人拍照上传到 QQ

相册。"我查看了 QQ 相册,唯独没有梓涵的作品。

"同学们,线上元旦晚会,同学们要踊跃展示自己的才艺哦。"我知道梓涵快板打得不错,结果他又没有参加。

之后,我和梓涵的家长联系,他妈妈也反映自从那次竞选失败之后,梓涵好像做什么事情都提不起兴趣,蔫了。

终于等到寒假开学,我特意把梓涵叫到走廊里,针对竞选大队长一事和他聊了起来。他最终解开了心结,灿烂的笑容又重回他那稚嫩的脸庞,他活力满满地开启了新的学期。

她"放假"一天

"周瑜对诸葛亮心怀妒忌……"早上,我正和孩子们一起早读,发现小彤一直没来。8 点了,怎么回事?她从来没有这种情况发生。看看手机,小彤妈也没有给我留言,于是我拿起手机拨打过去。"彤妈,孩子到现在没来,怎么回事啊?"

"毕老师,我刚准备给您打电话,彤彤今天就不上学了,昨天晚上我唠叨她快点儿写作业,别磨蹭,然后她就嫌我烦,我们娘俩就吵起来了。今天早晨她也不搭理我,还赖在床上躺着。"妈妈无奈地说道。

"你把电话给小彤,我和她谈谈。""彤彤,你老师的电话,你快接彤彤……彤彤……"接着彤妈尴尬地说:"老师实在不好意思,彤彤不接电话,还把头缩进被窝去了,把自己裹成了一个茧子。"

"行,没事儿,让孩子好好在家待一天,我给她放假一天。"放下电话,我和孩子们开始上课。小彤瘦瘦的、高高的,平时说话轻声细语,和同学关系融洽,每次见到老师都是羞涩地一笑,属于内向女孩儿。就是这样的一个好孩子,上课却两眼无神,仿佛对任何事情都提不起兴趣。这种状态让我想起了曾在微信中看过这样的一个视频:一匹马深陷泥潭,主人想了各种办法也没能把它救出来。面对主人的援救,它只是静静地、呆呆地站在那里,两眼无神地望着前方,整个过程,它漠视自己的生命,对生死置之度外,好像生命与自己无关。所以每天看到彤彤的这种状态,我看在眼里,急在心上,可又无奈,找不到一个好的突破口。

第二天早上,我一进教室就看到了座位上那个安安静静的她,正准备翻开英语书早读呢。我走过去俯下身子,用额头亲密地碰触了一下她的额头,她惊喜地抬起头,有点撒娇地说:"老师!"

"嗯,今天心情好了吗?"

"好了,老师。"她又不好意思地笑了。

"昨天你没来,老师可想你了,同学们也一个劲儿地问我你去哪了。你看你多重要,同学们多牵挂你,老师不在学校,同学们也没有多想我!"说着,小彤又是一脸羞涩。

"想老师和同学们吗?"我把她的红领巾整了整。

"想!"她毫不犹豫地点头。

放学后,小彤最后一个收拾完书包。"小彤,留下来咱俩聊一会儿,好吗?"

"好的,老师。"她一脸灿烂的笑容,非常乐意。她背着书包走到讲桌旁。"昨天怎么回事儿?能讲说给我听听吗?"

"老师,我最烦我妈妈在旁边不停地说这说那。我明知道妈妈是为我好,明知道我不该朝妈妈大吼大叫,可是当时我实在是控制不住自己了。如果我不大吼大叫,我觉得我就要爆炸了。"小彤倒豆子似的说了这么多,两眼又泛出了泪光。

"我小时候妈妈也是这样说我,我也很烦,我很能理解你的感受,"说着我用手摸摸她的头,"就像你说的,我们明明知道该怎么做,可妈妈偏偏还要叮嘱,一遍又一遍,我们明明能做好,也不想做了,是吧?"

"对呀,老师,我特别特别烦躁,特生气,特抓狂。"她好像找到了知音似的,惊喜地看着我。

"那有没有把自己的感受说给妈妈听呢?让妈妈知道你的想法。"

"没有,我没说,"小彤咧着嘴笑着,"还用说吗?难道妈妈不知道吗?"

"那你听！"我用手在桌子上敲了一句曲子，"你知道我敲的这首曲子叫什么名字吗？"

"听不出来，老师。"小彤等了半天，耸了耸肩，摇了摇头，"太难了吧。"

"再听一次。"

小童再次摇头。

"《世上只有妈妈好》，你再听一次，是不是？"这时我又敲了一遍。

"咦？老师，还真是。"她兴奋地喊道！

"瞧，这就是沟通。你以为妈妈知道，但你不说，妈妈不知道啊。这和老师敲曲子是不是一个道理？"她若有所思地点点头。

"以后有什么事儿，一定要和爸爸妈妈说，当然也可以和我说说。"

"我知道了老师，谢谢您。"

"那我们一起回家吧。"

"嗯。"小彤背着书包蹦蹦跳跳地走了，看来这次谈话还是让小彤受益匪浅呀。

被表扬了

一航，白白净净的，脸方方正正的，眉毛又粗又黑，身材胖胖的、壮壮的、高高的。就这样一个看上去阳光的男孩，却是年级的最后一名。

刚升入五年级时，他每节课都是安安静静地坐在座位上，从不捣乱，从不和同桌说一句悄悄话，也从来不和周围的同学交头接耳，当然也从来没和老师们说过一句话。他一上课，身板儿就坐得直挺挺的，身体向后斜着，犹如吃饭吃得多了，弯不下肚子。从讲台看过去，他就像是坐了个太师椅子。我觉得如果没有椅背，他肯定没法在位子上坐住了，会直接往后倒下去了。他手里拿着一支笔，转呀转呀，一节课也不写一个字，就自己的名字三个字写得一字不错，但写的样子就像刚入学的学生，写得那么大，那么横平竖直。

我观察了两三天，看到这样一个虎头虎脑的孩子每节课就这样静静地坐着，自己跟自己玩，我心里特别难受，总想着为他做点什么。如果他是我的孩子，我会怎么做呢？

有一天上完课，还有十分钟下课，我让孩子们写这节课学习的生字。然后我把一航叫到讲台旁边的小桌子前，看着他的眼睛极其认真地告诉他："一航，知道吗？你和其他同学是一样的。"一航大大的眼睛，忽闪忽闪地盯着我，好像想瞧出我说的这句话是真的还是假的。

我摸了摸他的头发，"怎么？你觉得你和他们不一样吗？"他眼睛眯成一条缝，抓了抓自己的头，嘿嘿笑了一下。

"傻笑什么？老师可从不说假话，你在老师心里和他们都是一样的。"我拍了拍自己的胸脯，保证道。

"看大家都在写字，你也来写字，可以吗？"我眼睛一眨不眨地盯着他看，他点了点头。"这样一航，咱们到打铃下课的时间，你就写30个字，行吗？"

"行！"他语气自信、坚定地回答。

"准备！开始！给你计时哦！"只见他低着头，写起字来。虽然他不认识这些字，但他能够依葫芦画瓢地写得一字不错，唯独字写得不紧凑，太大了，个个都是小巨人，全出格了。

时间一分一秒地过去，他低着头，一个字又一字地写着。

"时间到！"我说道。

"老师，我写完了30个字！"他放下笔，大大的眼睛里闪着兴奋的光芒，异常高兴。我拿起了他写的字，认真地看着，端详着，告诉他他是个男子汉，能够说到做到，说写30个字，就能够完成任务。

接下来的一个周，一到语文课他就主动到前面来写30个字，越写越快，越写越熟练。慢慢地，由15分钟写30个字，到现在5分钟左右就超额完成了。

有一天他又开始写字的时候，我告诉他这次不仅写50个字，而且要做到不写出格儿，把字写得紧凑些，"能不能做到？"他很自信地点头："能！"

"开始！"我的指令发出。

一会儿，手机上定时的声音响起，一航在规定的时间内又写完了，两只眼睛炯炯有神地望着我。我不看不知道,一看吓一跳,他的字一下子大变身,又紧凑又美观!我瞪大眼睛,带着惊喜,故作夸张地说:"一航,这、这、这真是你写的字吗?我都不敢认了!"他美美地,眼睛又眯成一条缝。我发现他一高兴的时候总是笑着把眼睛眯成一条缝。

"是我写的。"他得意洋洋道。

"你看看前面你写的字,和今天这次写的,你觉得哪个字好?"

他胸有成竹地一指:"这个,后面的这个字。"

"对呀,我也觉得今天写得特别好!"其他同学一听,一个个都好奇地把头抬起来,"老师我们也能去欣赏欣赏吗?"

"可以呀!"

这时孩子们纷纷跑到前面,一个看完又轮到下一个。

"一航你写的字太漂亮了!"

"一航你真棒!"

…………

同学们毫不吝啬地竖起大拇指。

一航一脸高兴,脸上的神采是我从来没见过的。过了几天,一航妈妈在QQ上给我留言:"老师,一航告诉我特别特别喜欢您,我问他为什么,他说我们语文老师不仅会讲故事,还会表扬人。"

正能量

一天晚上,我正在家里忙着进行线上家庭教育讲座,刚刚结束,手机就响了。

"老师,我是则荥妈妈,"电话那端传来则荥妈妈的声音,"老师,您现在方便吗?"

"哦,方便,有什么事儿?您说吧。"我的脑子里马上就闪过很多则荥的表现。

"老师，白天我不好意思打扰您，知道您很忙，我寻思问问你则荥上五年级表现怎么样？"

"哎呀，我可羡慕你有这样的好闺女啦。提起则荥，用一个字来形容，那就是棒，用两个字来形容，那就是很棒，用三个字的话，那就是特别棒。"我这边儿说着，那边儿则荥妈妈就"咯咯咯"地笑起来。

"则荥妈妈，则荥在学校上课踊跃举手回答问题，不论是语文、数学、英语还是科学、美术、信息技术，每次上课的时候她都两眼发光，就像是口渴的人看见了水一样，劲头足足的。我教学到现在为止，就遇到过咱们姑娘这么一个对学习这么主动的人，就算不想让她上课回答问题，按都按不住。更让我感动的是，数学课上有不明白的问题，无论课上还是课下，只要数学老师在教室里，她都会拿着数学书去问，去请教。下课她喜欢坐在座位上静静地看课外书。"说起则荥，我滔滔不绝。

电话那端，则荥妈妈静静地听着。"谢谢老师，还是你们老师培养得好，你都不知道，则荥一回家总说我们语文老师可好了，上课讲课生动，还会讲故事，感觉特别有意思。老师，我能察觉到孩子喜欢学习的那种愉悦情绪。您都不知道，上个周日则荥在家还不停地咕噜着，在家真没劲儿，一点儿意思都没有，我就喜欢上学。"我和则荥妈妈沟通了一个多小时，放下电话，不得不感叹则荥妈妈教育得很成功。

则荥妈妈每天在威海上班，早晨走的时候孩子没睡醒，晚上下班回来孩子已经睡着。现在孩子的自主自立、自我规划程度不亚于成年人了。

过了几天，德育处在QQ群发了通知，要进行校园"朗读者"比赛。当我把比赛通知在班上宣布之后，则荥同学立刻举起手来，两眼瞪得溜圆，一眨不眨地盯着我，生怕这个名额被人抢走。则荥领到任务之后，脸上两侧的小酒窝都露出来了。

下课时，她就赶紧走到我身旁，说："老师，您说我朗读比赛读什么作品好呀？"我抬起头，看着她那求知若渴的小眼神儿说："则荥，老师知道你非常喜欢读书，你可以从你读过的书里面找一篇感人肺腑、适合你的文章来朗读，你看怎么样?"

"好的,老师。"她若有所思地点了点头。

晚上8点多的时候,则荥又用妈妈的手机打来了电话:"老师,我今天晚上回家,和妈妈翻阅了喜欢的几本书,我想读曹文轩教授的《草房子》中温幼菊治病的那个片段可以吗?"则荥征求着我的意见。

"当然可以,老师相信你能朗读出温幼菊当时的那种感受来。"

经过一个多周的准备,比赛那天,则荥妈妈告诉我,从服装到化妆,再到课件的制作、朗读时的动作,都是则荥自己设计的。每天晚上她都让爸爸妈妈当观众,练习一两遍,还非让爸爸妈妈提意见。功夫不负有心人,辛苦付出不会白费!经过激烈的角逐,则荥同学稳稳地拿到了级部第一名。

习作竞选训练活动队开始组队了,每班挑选二到三人。当我把这个消息在班上宣布时,则荥又两眼瞪得溜圆地举起小手,生怕把我把她漏掉了。每次训练时,从来不用别人提醒,她总是按时叫上班上的其他两名队员,拿着作文书、积累本、习作纸来到训练室,一坐下便埋头开始苦读,随手记录下文中的好词好句,背诵下来。每当我走进训练室时,她总是静悄悄的,仿佛周围的吵闹声是另外一个世界似的,与她丝毫不相干。准备了三个月后,她在最后的区级习作竞赛中获得了一等奖。

有一次我讲了一节心理健康优课,课中设计了"人物访谈"环节,游戏活动时,全班同学静悄悄地围成一个大圆圈,一位同学走到这个大圆圈的中间,外围的同学可以任意提问自己想了解这位同学的信息,每提问一个问题,可以向前走一步。被采访的同学可以进行回答,不愿公开的隐私可以不回答。游戏开始时,则荥走到了中间。一个同学问则荥:"你喜欢写作业吗?"她稍加思索说:"谁爱写作业呢?但是学习上如果不严格要求自己完成作业,对自己是不负责任的,就像老师愿意多上一节课吗?不愿意多上还给我们上课,就是老师的责任心。"

说来也神奇,这次游戏过后,班上经常不写作业的同学竟然开始写作业了。

变色龙

卿霖,白白胖胖的,是我们班 45 个学生中皮肤最白的。后来在接触的过程中,我发现我和卿霖说话不在一个频道上,我说的话他听不懂,而且他还不大认识字,课文几乎都读不下来。

体校老师到学校挑选运动员,卿霖不知道从哪儿得到了消息,悄悄地到体校老师面前自我推荐,然后走到我面前,神情有些局促地说:"老师,外面的体校老师找你。"

嗯?体校老师找我有什么事呢?我有些莫名其妙,我班今年没有运动员,前不久刚结束的学校运动会,接力赛侥幸第一,好不容易最后总成绩是年级第三名。

卿霖跟着我来到走廊。和体校老师一见面,体校老师指着卿霖说:"你们班的这位同学想上体校,您知道吗?"

啊?卿霖想上体校?我转过头来,卿霖体态活脱脱像一个"大熊猫",小肚子都出来了,蹲下身子都费事,上体校能干什么?

"你报名上体校,爸爸妈妈知道吗?你和爸爸妈妈商量过了吗?""老师,我爸爸妈妈知道,他们都同意了。"

"好,那就先给他报个名吧。"我跟体校老师说。

体校老师微微一笑,说:"这位同学报名了也不一定就能上体校哦,后期要有笔试和运动竞技的成绩。"卿霖连连点头。

晚上我正在做课件,手机铃声响起,接通电话。

"喂,老师,您好,我是卿霖妈妈,我寻思告诉你一声,我们不同意他上体校。"

我一听,笑了,连忙澄清:"卿霖妈妈,卿霖今天是自己上体校老师那里报的名,当时我还问他父母同不同意,他告诉我说你们都同意呢。"

"你不用听他的,卿霖他爸是开口腔医院的,我开的宠物诊所,我们还指望他将来考个大学回来接我和他爸爸的班呢。"卿霖妈妈告诉我她对儿子将来的规划。

"我知道了。"唉,每个家长都认为自己的孩子特别聪明,特别与众不同,都有着望女成凤、望子成龙的想法。

接下来的日子,每天卿霖特别热心,特别有眼力见儿,一看见垃圾桶满了,他就自告奋勇地拎着垃圾桶去送了,看见有同学拖地,他马上也去拿拖把去干。

星期四上午第三节是科学课。刚下课,科学老师孙老师就找到我,说:"毕老师,咱们班卿霖同学这节课表现特别不好。"

"怎么回事?"我有些疑惑。

"上课我刚要抽背他们那排的科学实验,他一看情形,立刻从自己那排(最南排)快速地跑到最北排去了。我还是把他抽起来背了,结果他理直气壮地说他不会背。然后我说背不下来就写一写吧,你猜他怎么说。他那个眼珠子瞪着我,告诉我,他不写。"孙老师气得火冒三丈,语气越来越激动。

我拍了拍孙老师的胳膊,笑着说:"你和他还用生气吗?你批评其他孩子,其他孩子能听懂你的话,知道老师是为自己好,在老师生气的时候也不会顶嘴。这个孩子很多时候听不明白,关键是他不会像其他孩子那样隐藏自己,只会说出自己心里最真实的想法,但是他的心思是不坏的。"我安抚完科学老师,急忙向教室走去。

"卿霖,你出来一下。"我拍手道。

"老师,什么事?"卿霖立刻跑了过来。

"说说今天科学课怎么回事。"我直接指出来问题。

他低下了头,脚尖不断地顶着鞋面儿:"老师,我上科学课不应该离开座位。"想了一会儿又看看我,说:"不该不好好听讲。"

"还有吗?"我盯着他的眼睛看。

他抓了抓头顶,一脸无辜:"我不知道了,老师。"

"科学老师让你在科学课写实验题时,你说不写了吗?"我提示道。

"老师,我没拿笔想回来写。"他理直气壮地回答。

"哦,"我忍住笑意,"以后再遇到这样的事情时,你可以跟老师说回去写,没拿笔,把原因说清楚,知道了吗?"

"嗯,老师。"外表看起来不听话、顽皮的孩子内心也有很可爱的一面。

尿裤子

刚刚初冬,可是天气却有些冷得冻到骨头里了。冷冽的寒风扑在脸上,刮得生疼生疼的。我把双手放到口袋里,可依旧感觉不到温度,冰冰的。幸亏教室里的空调已能打开,一进教室,一股温暖的气息迎面而来,水汽瞬间就把眼镜给糊住了。

今天是周五,第一节是语文课。课堂上孩子们积极地回答问题,朗读课文干脆流利,书写生字有模有样,可认真了。虽然天气有些冷,但是第一节课孩子们的表现,让我感觉到真是美好的一天呀!

第二节课是数学课。孩子们准备就绪,我就回办公室了。

就这样一直到放学。晚上回到家后,不一会我的手机响起,一看就知道是家长的电话。

"喂,您好!"我礼貌地接起。

"老师,我是仪涵的妈妈。今天晚上孩子放学回家,情绪不高,问她怎么了,她也不吭声。我当时也没在意,就催促她赶紧把校服脱下来洗洗。我叫了她一遍又一遍,她也不过来。我气得上卧室把她给揪到洗手间了,让她赶紧脱。她慢腾腾地,我看着就来气,直接就帮她把裤子扒下来。我这一摸,发现孩子的裤子有些润,我就问她怎么回事。她也不说话,就抽噎着,吧嗒吧嗒地掉泪。无论我怎么问,她就是不说话。最后气得我打了她几巴掌,这终于告诉我她尿裤子了。"仪涵妈妈说话又快又响亮,聒得我隔膜一震一震的。

尿裤子?什么时候的事?我怎么不知道?孩子没告诉我,同学也没有告诉我呀。

"这是什么时候的事呀?孩子没告诉我呀?"我问道。

电话那头传来吼的声音:"你老师问你什么时候尿的?怎么没告诉老师?"

就听见电话那头隐隐约约地传来:"上午第二节课。"

我一听,心里更不是滋味了,上午第二节课就尿的裤子,天这么冷,孩子这多遭罪呀!家长火冒三丈,在这愤怒的背后,是对孩子的关心与爱。

家长又接过电话,反反复复地重复着孩子尿裤子的事。我静静地听着,不时附合一声:"对呀,别说你不舍得,我听着都心疼。对,你心里不舒服、生气,我真理解。"

赢得合作的四部曲,第一都是理解,我表达出对家长感受的理解。家长宣泄了一通,觉得我理解她了,然后就开始心平气和地交流了。我就摆事实,告诉家长周五第一节课是语文课,我一上午再没进教室,中午进教室陪着孩子们吃饭,孩子也没告诉我,表明我是真不知道这个事,也是我工作的一个失误。然后表达我的关心,问孩子洗澡了没有,不行的话领着孩子汗蒸一下,去去寒气。

表达了关心之后,家长的心情更加平复了,说起了孩子平时在家也不说话,内向,然后我也顺着家长说(共情表达感受):"孩子在学校上课也是不经常回答问题,内向,但我都是尽量给孩子提供机会让她大胆发言。"又说了这个孩子的一些优点。

和家长聊得热乎的时候,我接着说:"当你知道孩子尿裤子时,你是怎么对孩子说的?"

家长说:"老师呀,我把她大骂了一顿,说你傻呀!孩子在那直哭,什么也不说,就会哭。"

我说:"我们都是成年人,我知道你是心疼孩子凉了一天,但是咱闺女你又不是不知道,内向,你发了一通脾气后,你是舒服了,觉得你把爱表达完了,但是孩子是感受不到你的爱的,以后无论发生什么事,孩子都会不愿意向你说,就怕你批评她。"

"老师,你说得真对。我发现现在孩子好多事都不告诉我,我问她也不说。"

"那你批评完有没有告诉孩子以后怎么做?"

"哦,没有。"

"你看吧,批评完孩子之后,再告诉孩子以后遇到这样的事情怎么做,这才能解决问题。"

我又接着说:"那你知道姑娘为什么没有在第一时间告诉我,告诉你呢?"

"腼腆呗。"涵妈毫不犹豫地回答。

"其实咱们换位思考一下,如果我们是孩子,好意思在班上告诉老师自己尿裤子了吗? 一是性格的原因,二是自己也觉得尿裤子这一行为很丢人,三是还想在同龄的小伙伴面前要面子。所以呀,遇到这样的事时,要学会表达情绪,在家先给孩子一个拥抱,告诉她上学穿着湿裤子不舒服,对身体也不好,妈妈心疼。再说可以告诉妈妈裤子为什么湿了。最后一定要关注事情的解决。批评完孩子,一定要告诉孩子怎么做。还可以举例子告诉孩子三年级还有尿床的,她白天尿个裤子是再正常不过的事情,知道她上课时不好意思告诉老师,以后可以一下课赶紧上厕所。另外上课再遇到这种事可以大胆地告诉老师,好吧?"

"老师,我不会这样说,我从小就是一做错事就挨父母的批评,我的孩子,我也只会批评。"

"没事,咱们慢慢地学教育孩子的方法,以后有什么孩子教育上的问题,咱俩还拉呱哈。"

"老师,太谢谢你了。"涵妈笑着说道。

周一早晨,我一到校就看到仪涵坐在座位上,我招招手,把她叫到走廊上,说起了尿裤子一事,和她沟通了一番。孩子抿着嘴,眯着眼回到座位上了。

母爱

今天语文课堂上,我们一起学习了《慈母情深》这篇课文。大家逐渐了解到作者母亲赚钱的不易,即使是在经济条件非常拮据的情况下,她也同意为孩子买书。同学们你一言我一语地交流了读书感悟。

文宇说:"老师,我知道了,他们家生活条件艰苦,连旧的收音机都卖了。这能卖多少钱呀?"

竹丽举手说:"他妈妈工作的环境太恶劣了,潮湿、闷热、噪声大,他妈妈赚钱太不容易了。"

卿霖说:"工厂里的阿姨反对妈妈给他钱买书,可是呢,他妈妈就支持给他买,我体会到了他妈妈的伟大和对他的期望与爱。"

"同学们说得不错，能够联系上下文把感悟说出来，那说明对母爱，我们同学都有深深的体会，那谁能说说你妈妈的母爱体现在哪呢？"

"我生病了，妈妈开车把我送去医院！"袁野说。

"我病了，妈妈一夜不停地给我量体温呀。"鸿锦说道。

"我妈妈每天给我做饭、洗衣服。"美橦也起来说道。

"还有吗？"我趁机问道。

同学们有的摇头，有的眉头紧锁，好像除了这些，再也找不到能体现母爱的事情了。

"我每周日上午都回老家大水泊看望爸爸妈妈。"刚起头，同学们就高兴地拍起手来，窃窃私语："老师又给我们讲故事了。"

"那天上午下大雨，打得汽车玻璃'哒哒'作响，同时从玻璃上激起大大的水花。即使车上的雨刷不停地摇动，也无可奈何，坐在车里的我们还是看不清路况。我们小心翼翼地开着车，原本20分钟的路程，我们硬生生地开了50多分钟。"

"终于到了老妈家门口。汽车一停下我就开始犯嘀咕：这么大的雨怎么下车呢？其实车距我们家只有20来步的距离，我儿子拿起座椅上的靠垫罩在头上，再用猎豹般的速度直冲姥姥家，瞬间就不见踪影了。"说到这儿，同学们轻轻地笑起来，我用手势告诉大家安静下来，我继续说道："于是我也勇敢一回，打开车门，冒着大雨直接冲到门楼下，寻思等雨小了些再回家也不迟，这时我透过玻璃门看见老妈正在做饭，70岁的她，一转头看见我在院子的门楼下，便立刻放下手中的菜刀，抄起立在门旁边的雨伞，'唰'地打开门向我一路小跑，我大声嚷道：'妈妈你打雨伞呀。'我刚说完，老妈就已经跑到我跟前了，只听老妈说：'哎呀，忘打伞了。'看来老妈眼里只有她这个闺女了。"同学们听完都乐呵呵地笑着。

"我接过雨伞，想打开雨伞和妈妈一起打伞回家，伞还没打开，老妈一个转身又一溜小跑冲向家里，我在她后面再次大声叫：'妈妈，咱俩一起打伞回家！'可是妈妈已经跑到了家中，转头又回了一句：'我忘了。'"同学们又是一阵大笑。

"同学们,其实母爱体现在我们生活的每一件小事和细节中,需要我们去细细地观察。瞧,咱们同学一写到关于母爱的作文,素材要么是上医院打针、吃药,要么就是下雨天来接你,妈妈把雨伞都遮住了你而自己却淋湿了,是不是?"很多同学若有所思地点点头。

"谁能说说刚才老师讲的这一段,如果写成作文的话,你觉得好在哪里?"

"老师很真实。"晨悦评价道。

"对呀,习作就是来源于生活,表达真情实感的。"我总结道。

"而且老师你描绘你妈妈送雨伞的情景时用了一系列的动词,能体会到妈妈对你的爱。"这时则荣点评道。我点了点头。

"老师的选材不落俗套,既写出了母爱,又很新颖。"梓裕说道。

"看来同学们的评价还是挺到位的,大家记住,这就是以小见大,细节见真情。"

有效沟通

又到了间周一次的班会课了,同学们早已迫不及待地坐好。我走进教室,让班长把不同颜色的彩纸发了下去,每人两张。轮到自己的时候,每个同学都在用心挑选自己喜欢的颜色,瞄瞄同桌的,又瞥了瞥前面同学的,总想挑出心仪的、与众不同的彩纸。也许是看多了白色的纸,大家对自己挑选的纸是那么爱不释手,摸了又摸,看了又看,同时也用疑惑的小眼神儿看着我。还有的同学往前俯下身子,把头伸到前面同学的座位上,窃窃私语地与他们讨论着各种颜色的纸。有的同学往后转,摸摸对方的纸,像是能摸出不同来似的。

我拍了拍手,大家瞬间安静下来。"同学们,接下来我们要做个小游戏。注意游戏的规则,游戏的全过程不许提问题,按照我的指令进行操作,听明白了吗?"大家点了点头。

"第一步先把纸对折。"有的同学立刻转头看同桌是怎么对折的。"注意是自己想怎么对折就怎么对折,不用看其他同学的操作。"于是每个小手都在用心地对齐、对折。

"第二步再对折。"也许是适应了游戏规则,也可能是已经投入游戏中去了,这时没有人去看别的同学的操作,只是根据自己的想法对折。

"第三步,撕掉一个角。"有同学把纸翻来覆去地看,不知从哪儿下手。也许是心生不忍,好好的一张纸怎么就要撕掉一角呢?

"有的同学已经撕完了,其他同学要加快速度哦。"我一边观察一边踱着步来回地走。

"来,大家打开这张纸,高高举起来,和周围的朋友对照一下。"我边说,边拿起前面袁野同学的作品给大家看。

"咦?老师,哎呀,我们前后这几个同学撕得都不一样呢!"浩楠眼睛瞪得溜圆,像发现了新大陆似的。

"对呀,我们这几个人的也不一样啊,怎么回事?"岚清也好奇地问道。

"还真是五花八门呀,我们都按照您的指令来操作。真奇怪。"浩天抓了抓头不解地问道。

"好了,同学们现在把手上的这张纸放下,拿出另一张彩纸。"我顺手拿着袁野桌上的另一张彩纸道。同学们赶紧放下撕好的纸,又拿起了另一张。"不过这次呀,在撕纸的过程中可以讨论,可以提问哦。"我语气上扬道。

小凯"噌"地站起来:"老师,是不是有不明白的地方可以问您?"

"对哦,"我点了点头示意他坐下,"准备好了吗?"

"好了!"同学们大声说道。

"第一步,把纸对折。"

"老师,是这样横着折?还是竖着折?"邵博扬起纸比画着说道。

"长边向上横折。"我一说完,同学们就赶紧把折错了方向的纸铺展开来,重新对折。

"第二步,再对折。"

"老师这次横着对折还是竖着对折?"梓裕问道。

"竖着对折。"

"第三步,撕掉一个角。"

"老师,撕掉哪个角?"子涵亦问道。

"把折好的纸竖放,折边儿在下边,撕掉右下角。"我一边说,一边示范给大家看。

"来,撕完的同学再次展开,互相看看,这次你又发现了什么?"同学们你看看我的作品,我看看他的作品,再次露出惊讶的表情。

"老师,老师,你看我们的形状差不多都是一个样啊。"小凯再次叫起来,很是兴奋。

"老师,我知道那一点点不一样的原因。"雨轩高举着小手。

"哦?你说说看。"

"老师,因为我们每个人最后撕的大小不一样,所以最后有些细微的差别。"这时同学们再次作恍然大悟状。

"那大家有没有想想,相同的游戏,为什么两次的结果会有如此大的差别呢?"我启发道。

"因为第一次您不让我们问,只听您说,第二次我们可以问您,您给我们解答了疑问。"子轩忙说道。

"说得好,一个小小的游戏,尚且因为理解不同又无法沟通而出现了这么多的结果,要是我们在人际交往中缺乏理解交流或者是理解偏差,可能会造成严重的后果:可能和小伙伴友谊破裂,可能师生关系一团糟,还有可能和父母之间也产生隔阂。可见,人际沟通是双向的,只有这样才能实现人际交往愉快,人际关系融洽。"

同学们都静静地坐着,静静地听着,此时夕阳的余晖透过窗户,映照在同学们那稚嫩的脸上,温暖而柔和。

起哄

今天上午第四节课,全体教师要开会,全校25个班级全部上自习,于是我布置了写字的任务,接下来又把上自习课的纪律强调了一下,便离开了教室。临走,我还通过走廊的窗户往教室里瞄了一眼,发现班上的孩子们,正在有序地拿出语文书、语文本和笔,写起任务来。

会议进行到一半时,我觉得大部分同学的作业应该写完了,写完作业的同学要静静地读课外书,写读书笔记。不知道这时候的纪律怎么样?于是我悄悄地溜出会议室,从办公室快跑进教学楼内,准备搞个突然袭击,瞧瞧孩子们的第一次自习课表现得怎么样。

当我走到四楼楼梯时,就能听见我班特色的声音——靖凯学的猫叫,随后传来班级的哄堂大笑。我快速冲进教室,只见有的学生交头接耳,有的学生猫着腰往后走,还有的同学兴奋地和同桌不知说了什么开心事,正肆无忌惮地笑着。当看到我的那一刹那,全班同学一动不动,仿佛时间静止了似的。1秒、2秒、5秒,同学们看着我,面无表情,惊愕地说不出话来。接着大家转过神来,装模作样地开始继续写起作业来。还有一部分同学开始翻书包拿出课外书来读。

我在教室里,从前面走到后面,又从后面走到前面,全班只能听见高跟鞋的声音,我终于在前面讲台处停了下来。

"说呀,继续说呀,怎么不说啦?说出来老师也高兴高兴。我在会议室就能听见咱们班同学爽朗的笑声。"我嗓门一高。

有的同学继续写着作业,有的同学抬起头悄悄地瞥了瞥我,又赶紧低下头。这时班长梓裕举手:"老师,刚才有一小部分同学在说话,其他同学的表现还是挺好的……"

"你到前面来,让你的嘴巴休息一会儿,现在我不想听你说。"作为班长,他刚才在领头说话,现在倒先告起其他同学的状了。我眼神微动,目光轻轻地扫了一下,连个眼神都不给他。

梓裕撇撇嘴,悻悻地走到前面来,低着头站好。

"鸿锦,你来说。"鸿锦是梓裕的表弟,两人一前一后地坐着,刚才他和梓裕相谈甚欢。平时鸿锦纪律不错，因为梓裕跟同学关系不太和谐，所以特意把鸿锦放在他前面，一是考虑到鸿锦能够管住自己，从而影响梓裕，二是梓裕有个伙伴，不至于感觉被孤立。

鸿锦慢腾腾地站起来，白白净净的脸此时满脸通红。"老师……老师……对不起，我……我……"此时，他吞吞吐吐，说不出完整的话。

"你也上前来。"我一脸严肃。

"小凯，你来说。"这时，我目光如炬，嗓门更大。

小凯在椅子上扭了两下，站起来，抬头看了我一眼，又低下头，一个字也不说。

"怎么都不说话了？老师不在的时候本事多大呀？现在怎么成乌龟了？"我走到鸿锦跟前，"你说你这么遵守纪律的同学，今天要不是我亲眼所见，都不相信你还有这么活泼的一面。"

"呜……呜……老师……"他也没说出句话来。

我又把眼神儿扫到梓裕身上，他也看向了我，与我眼神对视的同时，他刚要张嘴说话，我又走到小凯面前把他狠狠地批评了一顿，然后让鸿锦、小凯回到座位上，说完我又急忙到办公室开会去了。

第二天一大早，梓裕来了，我把他叫到跟前，问他什么感受。此时他两只大眼睛亮亮的，真诚地向我承认了错误。

讲故事

今天讲授了民间故事《猎人海力布》，讲完之后给同学们五分钟时间练习，复述故事。只见同学们神采飞扬，在位子上绘声绘色地讲起故事来。一阵嘈杂声过后，教室里逐渐趋于平静。

"大家都准备好了吗？接下来，同桌俩人互讲故事，看看谁讲的故事更能打动对方。"话音刚落，"啊？"有一位同学就惊叫起来。

"看来大家是迫不及待了！"有的同学不好意思地吐了吐舌头,有的直接抚额吁叹,还有的同桌在你推我搡的,互相谦让让对方先来。

"五分钟时间到,接下来哪位同学能到前面来给全班同学讲故事?"一分钟过去了,大家你看我,我看你,都赶紧乌龟缩壳一样低下了头,生怕被别人推荐起来讲故事。我用目光把教室环顾了一圈之后,终于,在45个同学志忑之中,致成同学勇敢地举起了小手。

"来,致成同学第一个举手,请到讲台来。"在我出声之后,其他同学仿佛是被特赦了一样,松了一口气。

致成同学就这样在同学们的注视下,一溜儿小跑到前面讲台,在大家的期待下开始了他的故事:"同学们,今天我给大家讲个故事,故事的题目叫《猎人海力布》。从前有一位猎人,他叫海力布……"致成同学一会儿用夸张的手势做起夸张的动作,让同学们捧腹大笑;一会儿又身体前倾,脚跟儿踮起,那小心翼翼的表情又让全班同学不敢喘息,紧张兮兮;一会儿那黝黑的脸庞猛地睁开了眼睛,又一下子闭上了眼睛,牵引着同学们的心情一上一下的。

"为了纪念他,后世把这块石头叫作'猎人海力布',谢谢大家,我的故事讲完了。"全体同学自发地响起热烈的掌声。

这是第一次班级讲故事,也是致成同学的首次亮相。连我都没想到,一个五年级的男生竟然能把这个故事讲得如此绘声绘色,如此引人入胜。在同学们一阵阵热烈的掌声中,他迈着自信的脚步回到了座位上。"哎?同学们听到致成同学讲故事,有什么想说的?谁来评价一下吧?"

"老师,致成同学讲得太好了,从同学们的掌声中就能听出来。"靖凯赶紧站起来说道,还伸出了大拇指。

"我太佩服他了,故事讲得这么精彩,他是怎么把手势给加上去的?"同学们你一言我一语,又把致成同学夸上了天,致成咧开嘴开心地笑了。

这时,致成同学站起来:"老师,同学们,我因为喜欢听评书节目,每天都会在睡觉前听一集,久而久之,评书人的语气、语调我也学会了不少。"听了致成的话,同学们都"哦"一声,点点头,恍然大悟。

"看吧孩子们,没有什么事情能简简单单成功,今天我们在听故事的同时,也知道了台上一分钟、台下十分钟的道理,老师也希望每个同学都能够像致成这样大胆地展示自己,每个人都有属于自己的舞台。"

从这以后,一下课,致成同学的桌子旁边就围了一圈小迷粉儿,让他讲《水浒传》《三国演义》的故事呢!

谈读书

今天正好学到《少年闰土》这篇课文,我让孩子们默读课文,标出少年闰土对小鲁迅讲了哪些趣事。

同学们静静地默读着,教室里不时传来在书上画出关键词句的声音。"哪位同学来交流?"

"老师,闰土给鲁迅讲了雪地捕鸟的趣事。"致成笑着说。

"看来你对雪地捕鸟很感兴趣,来,给大家读读。"响亮的读书声瞬间响起。

"你能说说到底怎么雪地捕鸟吗?"只见致成一边比画,一边说着,同学们都被他的语言和动作逗乐了。

"致成,你说得惟妙惟肖,那你有雪地捕鸟的经历和体验吗?"我笑吟吟地问。

致成摇了摇头。

"哪位同学继续交流?"我继续问道。

"老师,闰土还给鲁迅讲了海边拾贝壳、沙地看瓜刺猹、看跳鱼儿的事情。"馨雨答道。

"那大家觉得少年闰土是个什么样的人?"

"我觉得他是一个见多识广的人,好像没有他不会的,相反,鲁迅好像井底之蛙似的,啥都不知道。"锦鸿立刻站起来说道。

"是呀,这样一个小时候见识丰富、机智勇敢的少年,你知道长大以后是什么样子吗?"我徐徐问来。

同学们都怔住了，哑口无言。

"同学们，长大后的闰土有5个孩子，脸变得灰黄。皱纹很深，眼睛肿得通红，头上常年戴着一顶破毡帽，他的手变得又粗又笨，而且开裂，像松树皮一样，对了，也就是我们同学所说的龟裂。"我语气有些沉重。

同学们都静静地听着，好像不可思议似的。

"同学们，昨天回家的时候，我让咱们同学把课文预习三遍。查阅课外资料，也可以帮助我们很好地理解课文内容。刚才大家听了我说的这段资料，你有什么感受呢？"

"老师，闰土长大以后成了地地道道的农民，生活过得很艰苦。"梓裕说。

"对呀，因为家庭经济条件非常差，所以闰土没有读书的机会，只能在家里做农活。大家知道鲁迅长大了又是什么样子的吗？"

"鲁迅原名周树人，长大后成了著名的文学家、思想家、革命家和教育家，他虽然去世时只有55岁，但他一生写下了800多万字的作品，比如我们资料袋中介绍的《呐喊》《彷徨》《朝花夕拾》等作品。"梓裕表现出他的学识渊博。

"是的，同学们，这就是读书的好处。就像梓裕说的那样，我再补充一下。鲁迅长大之后，是咱们中国现代文学的奠基人之一，被誉为20世纪东亚文化地图上所占面积最大的作家。毛主席曾经给予他高度评价：鲁迅的方向就是中华民族新文化的方向。"

同学们听得津津有味，意犹未尽。

"你知道长大后的闰土和鲁迅为什么会有这样的天壤之别吗？"我拍了拍手。"老师，我觉得是他们的生活环境不一样，一个在农村，一个在城市。"欣蕊举手答道。

"老师，我觉得不仅仅是生活环境的不同，造就他们更大区别的原因是闰土家里穷，没有读过书，而鲁迅读书了，还到日本学习了。"岚清回答。

"是的，同学们，大家都说得太好了，读书决定命运，读书决定眼界，读书决定格局。上学期学过的一篇课文中，冰心告诉我们要好读书，读好书，多读书。我想到了今天早晨上交的作业，有的同学作业写得潦草，有的同学天天说忘拿作业。英语老师每天晚上布置同学们朗读英语，咱们班只有30个同学能够认真及时完成。其他同学呢？难道你们的经济条件赶不上闰土吗？这些都不是理由，你们把懒当理由、当借口。少壮不努力，老大徒伤悲，书到用时方恨少。也许现在我们只是背了这些名言，还没有真正感受到名言背后的含义，可是等到你真正能感受到的那一天，是不是就晚了？"我的语速忽快忽慢，声音忽高忽低，教室里静悄悄的，只听见教室里空调不停"呼呼"地吹着暖风的声音。

"还记得我妈妈村子里有个哥哥，他的岁数比我大两岁。他小时候可聪明了，就像咱们当中的很多同学。就因为当初贪玩、偷懒，结果没考上高中，现在到处在外面打工。他现在很后悔当时没好好读书，没好好学习，可是现在领悟到的时候，一切是不是晚了呢？"说着我便把目光扫到今天也没有交作业的几个同学身上，他们马上意识到了什么，脸一红，不好意思地低下了头。

摸屁股

今天数学老师生病了，请假一天，实习生小张老师负责让学生做一张数学小测。我担心年轻的实习老师管不住班级，我就在班上等到上课十分钟后，教室里每个同学都在认真做题，才起身离开。

还差十分钟下课，小张老师打电话来了。

"喂，小张老师，有事吗？"

"毕老师，你赶紧来班上一趟，有两个同学打起来了，我去劝另一个，这一个开始动手，我来劝这一个，另一个又要动手。哎呀……毕老师，你快来，我招架不住了……太可怕了……"电话那端传来了小张老师紧张的声音，小张老师快速说完就挂掉了电话。

我急匆匆走进教室，全班同学一下子就把目光聚焦在我身上了。而打架的班长梓钰和经常打架的小凯同学正在前面脸红脖子粗的互不相让。这时小张老师走过来告诉我他要回办公室了。

"谁来告诉我这是怎么一回事？"梓裕和小凯你看我，我看你，都不说话。

"班长你先来说。"我一动不动地盯着他看。

"老师,我做完数学小测上来交的时候,小凯他摸我的屁股,然后我就和他打起来了。"梓裕红着眼睛说道。

"嗯,你说的有理,揍得好。"一说完,梓裕的眼睛亮亮的,感觉到了我的支持。

"小凯,你来说吧。"我把目光转移到小凯身上。

"老师,班长上来交作业时,我的笔正好不小心掉在地上,我要去拾笔的时候,不小心碰到他的屁股。"

小凯话音刚落。"老师,他就是有意的,他就是摸我的屁股了,不是碰,不是不小心碰的。"听了小凯的话,梓裕像炸毛的公鸡似的,又呈现了一副"斗鸡"的架势。

看着梓裕的样子,我心里硬生生地憋住笑:"嗯,那小凯你不小心碰了对方的屁股,你向对方道歉了吗?"

"没,没有。"此时他的眼皮立刻耷拉了下来,他支支吾吾地说道。

"来,嗯,你们俩当时站在什么位置?我们来还原一下当时的情景。"

然后小凯就表演了当时他怎么弯腰拾笔碰到梓裕屁股的情景。

"那后来又发生什么事了?"班长梓裕吞吞吐吐的。"我刚准备还手,这时张老师来到我面前阻止我,结果小凯又拿起桌上的校服要打我,小张老师又去阻止他,于是我把小凯的校服立即夺过来,拽在了我的手上,拿起衣服就开始抽打他,结果小张老师又转过身来阻止我,气得我就把他的校服扔到窗外去了。"梓裕一气呵成,把后来说的发生的事说得清清楚楚,只不过后来声音越说越小。

"小凯,班长梓裕说的符合当时情况吗?"

"符合,老师。"

"那你喜欢被人摸屁股吗?"

"不喜欢,老师。"小凯立刻说道。

"我还以为你喜欢呢,要是喜欢的话,咱们全班同学都来摸摸你可爱的小屁股。"他立即捂着屁股直说:"不要,不要老师。"

"讲个故事给你们俩听一听,其他同学也可以听一下。老师刚毕业那会儿在乳山一个学校实习,放学后我前面走着一位老师,我寻思搞个恶作剧,吓吓他。我蹑手蹑脚地来到他身后,然后大声'啊'了一声,结果那位老师因为不喜欢这个恶作剧而生气了,我也为此而向这位老师道歉了。"

俩人又是你看我,我看你,低下了头。"为什么低头?"我看着班长梓裕。

"老师,我觉得我的做法有些极端,如果现在我再处理的话,我会告诉他,你摸我屁股,我不喜欢,你要向我道歉,而不是这样扰乱课堂秩序。"我拍了拍他的肩膀,"这才是我心目中的班长,敢做敢当,勇于认错,还会想到再发生这样的事情时更好的处理办法,好样的。"

"你呢?小凯有什么想说的?"

"老师,我也做错了,班长,对不起。"

"好吧,我原谅你了。"

"是呀,同学们,大家都要记住,自己不喜欢的事情也不要强加给别人,这就是己所不欲,勿施于人。"

音箱掉落

今天早晨,我开车到区教研中心开会,湛蓝的天空,一朵白云也没有,轻柔的风从车窗外徐徐吹进车内。

会议进行到一半的时候,手机响了,我赶紧拿起手机猫着腰走出会场,一看是数学老师高老师打来的电话。因为今天上午开会,所以上午班主任工作的事宜全部交给了副班主任高老师。

"喂?高老师怎么了?"我压低声音悄悄问。

"毕老师,今天第一节课我在咱们班上课的时候,黑板上方的音箱掉下来了。我正好在讲台上讲课,一下子砸到我的头上了。"高老师语速急急地说道。

"啊?严重吗?高老师有没有问题?需要上医院吗?"我一听顿时急了。这到底砸成什么样了?

"头有些发晕,头皮出血了,没事儿哈,毕老师,我就是告诉你一声,别担心。"高老师听出了我的担心与着急,于是赶紧安抚道。

"唉,没事就好。"在我的忐忑与不安中,会议到了中午终于结束,我急忙赶回学校。

走进教室,孩子们已吃完午饭,在教室里有序地、静悄悄地读书。"同学们,今天上午老师不在,谁知道数学老师到底发生什么事了?"坐在最前排的小野同学立刻举起手来。"老师,我知道。"他边说边跑上讲台,"数学老师当时在这个位置讲课,然后用粉笔在黑板上写数学题,讲到重点的地方,老师拿粉笔在黑板上重重地敲了敲,边敲边往后退,老师走到了讲台的边缘,差点就摔到讲台下了,幸亏后面有空调阻挡着。这时老师立即用手扶了一下黑板的边槽,然后黑板顶上的音箱就'哐当'一声砸到数学老师头上了。"小野边说边演示,把今天上午的场景还原出来。

"老师,数学老师被砸后,捂着出血的头就蹲下去了。"小妮同学又举手回答。

"那数学老师被砸之后大家是怎么做的?"我好奇道。

"老师,我都跑到这个位置了,想去找校长。"学习委员芮麟离开座位走到当时的位置。

"做得好,谁和芮麟一样做的请举手。""唰"地站起来六七个人,其中包括班长梓裕。

"你们都是去——"话还没说完。"我们都去找校长的。"

"嗯,不错,咱们同学遇到事情不慌乱,能够马上想出解决问题的办法,积极应对,找大人求助。这可真了不起!"我竖起大拇指赞叹道。

"老师,我都跑到门口了。"我班经常打架的小凯同学扯着嗓门喊道。因为他坐在最前排,听到后面有同学说赶快去找校长,他一下子就地跑到班级门口了。

"嗯,不愧是咱们班的飞毛腿,行动力真强。"我继续夸赞道。

"那后来又发生什么事了?"

"后来数学老师说大家不要动,全部在座位上坐好,她自己打电话。然后我们就回到座位上坐好了。"大个子子赫答道。

"做得好，关键时刻听指挥，有序、不乱，好样的！"

"老师，下课后，有别的班的同学到咱们班来问数学老师怎么样了，我们都没有告诉他。"平时不善于交流的浩楠也站起来说道。

"哦？为什么不告诉？"

"因为有教导处的老师到咱们班来，告诉我们在不了解事情的情况下，不能随便说话。"

"说到做到，有诚信！"我摸了摸浩楠的头，转身又走到讲台前。

"同学们，其实每天在我们的身边都会发生一些我们意想不到的事情、不确定的事情。通过这一次突发的偶然事件，老师从你们的行为中，从你们的言语中，在你们的身上看到了智慧、勇敢、诚信、关爱、服从等优秀品质。我们要学会从不确定的事件中学习、成长，增强自己解决各种问题的能力！"

一物降一物

今天是星期二，最后一节课是约定成俗的全校大扫除的时间，由德育处组织卫生委员进行全校卫生大检查。

下午第二节课下课铃声一响，大家就各就各位忙碌起来：负责书包柜的同学把同学们的书包重新摆整齐，同时拿抹布把柜子里里外外擦拭一遍；负责黑板的同学连黑板槽都擦得一尘不染；负责拖地的男同学弓着腰，从里到外拖了一遍又一遍。我让班长负责室内卫生，我转身向一楼甬路的卫生区走去，刚走到二楼就听到"啊"一声惨叫，接着又听到"咚"的一声响。什么情况？只见五年一班一位人高马大的女同学，气势汹汹地站在那里，一根手指指着坐在地上的男生。那位小男生则是狼狈地坐在地上，一只手拿着垃圾桶，一只手按在地上，号啕大哭。两人都是脸红脖子粗，剑拔弩张。

因为走廊的视线偏暗，我一时没认出地上的小男生是谁。等眼睛逐渐适应了光线,我才发现竟是我班的小凯。于是我走了过去;"怎么回事?"小凯一见我来了,立刻从地上站起来,两个人争先恐后地说起来。公说公有理,婆说婆有理。

"这位女生,你先来说。"我让五年一班的女生先来说。

"我们班卫生区是大垃圾桶及周边区域,最后一节课要检查卫生,我们不让其他班级把带有纸的垃圾往垃圾桶里倒。风一吹,纸到处乱飞,我们班的卫生区又要扣分了。可他看见我在那监督,他硬要往里倒有纸的垃圾……"

"我没有倒有纸的垃圾,老师。"没等五年一班的女同学说完,小凯马上出声辩驳道,说着还气嗖嗖地瞪着对方。

我对五年一班的同学说道:"你说完了吗?"她点点头。

然后我朝小凯说:"现在轮到你说了。你来说说怎么回事?"

"老师,我就是拿着卫生区的垃圾想倒进垃圾桶里,里面没纸,但是有树叶。我往里倒,她偏阻挠,不让往里倒,还大声地呵斥我,然后我们就争执起来了。"说着他又委屈地哭了起来。说实在的,我从来没见过他哭得这么狼狈,真是一物降一物。

知道了事情的缘由,我对五年级一班的姑娘说道:"从你的行为中,我看到了你有责任感,有一颗维护集体利益的心,这一点很可贵,相信你的班主任老师让你负责这里,肯定是相信你能负责好。其实啊,解决问题的方法有很多,而你们俩却选择了最简单、最直接的一个。想一想,如果再次发生今天的事,你怎么处理会更好一些呢?"五年级一班的同学目不转睛地看着我。

我又转过头来对小凯说道:"此时此刻我感受到你的生气、委屈,你去倒垃圾本身也是在为班级做贡献,是一件好事,但最后呢,却变成了两位同学在打架。这并不是你的初衷,是吧?如果你是五年级一班的同学,对方是你,你会让她把垃圾倒进垃圾桶吗?"小凯摇摇头。

"不会?为什么摇头?"

"那咱们班不就扣分了吗?"

"一个道理呀,你不会,她当然也不会了,那么你现在还觉得生气、委屈吗?如果以后再次发生今天的事,你会怎么做呢?"

"老师,我会把垃圾桶先拿回班级,反正垃圾桶也没满,可以等到明天早上再倒。"我又把目光转到那个女生身上:"如果今天你们俩换个位置,你来倒垃圾,他在那监督,你会怎么做呢?"她一声不吭。

"其实,每当我们遇到问题时,如果换个角度站在对方的位置想一想会怎么做,不仅会理解对方的做法,还会想到其他解决问题的办法。是不是?"俩人都点了点头。

信赖

"老师,告诉你一个不好的消息!""老师,拜拜啦!""老师,我今天真倒霉!"……看着眼前的她愿意把自己的心事与我一同分享,我如释重负!

她叫雨欣,一个好美的名字,有着艺术家气质,却存在着较严重的心理问题,需要心理辅导。但此时的她与刚升入五年级的她简直是判若两人!

刚升入五年级的第一天,教她四年级的语文老师和她妈妈就告诉我关于这个小女孩的一些情况,我在班上特意留心观察了这个孩子:是呀,每天雨欣都是眉头紧锁,满腹心事的样子,不善于和同学们交流。课余时间我找她谈心,她一脸漠然,只是默默地看着我,眼中毫无光彩可言。一周了,我几乎看不见这个孩子的喜怒哀乐!十一二岁的孩子应该是快乐的、无忧无虑的、五彩斑斓的,应该有憧憬、有梦想,可是此时的她竟然感受不到上学的快乐、学习的快乐。无论是生活还是学习,一个人如果没有快乐的心情,那么肯定就不会全身心地投入,什么事情也做不好。

开学不到一个月,我发现她不仅在绘画方面有天赋,而且字迹清秀,习作写得也不错,于是我把她叫到跟前,她一脸困惑地看着我。"你知道老师这辈子最大的愿望是什么吗?"

她摇了摇头。

"老师我四肢发达,体育比赛方面可以说是全能,可是我在美术和音乐方面可是两眼黑。拿起画笔，能把天上飞的小鸟画成海里游的鱼。唱起歌来，一张嘴能把你吓跑，用赵本山小品里的一句台词，呃？怎么说呀？"

"人家唱歌要钱，我唱歌要命啊！"她眼睛眯起来，咯咯地笑。

"对，对，对，就是这一句。太形象了。你看你绘画这么好，当个美术课代表，如何？老师相信你肯定能够干好！"

只见她慢慢地低下了头，再抬头时眼眶里已经蓄满了泪："老师，我能做好。谢谢您，这么信任我。我妈妈都没有这么相信我。"

我拍了拍她的肩膀。从那以后，班级墙报等需要一些画上图案的地方，我就把设计全权交给了她，就连双面胶我也交给了她，我用的时候都得向她申请，我就想让她动起来。慢慢地，她和班级融为一体，每次她的大作出炉之后，总会引来小伙伴的夸赞，她变得开朗了，变得爱笑了，眼里变得有光了。

每天，我都会找个时间单独和她聊聊，有时在下课，有时在放学，有时聊得多点，有时一两句，让她天天都感受到来自老师对她的爱意。我也和她的家长隔段时间就进行沟通，从家长反映的情况来看，她确实是进步了：脾气小了，即使是她不愿意做的事情，也不会像以前那样甩脸了。

语文第一单元学完之后，开始写习作，她写的作文是那样细腻，每个词语的运用是那样恰到好处。于是我又把她叫到跟前："哟，老师以后叫你大才女吧。"

她眼睛大大的，亮亮的。

"你看你不仅画画这么好，连写作文都这么好，你太优秀了！"她一下子被我夸得不好意思了。

"我要把你的这篇习作发到小螺号广播上，让全校师生都能听到你的大作，你真是老师的骄傲呀！"我轻轻地抱了抱她。此时，她羞涩地点了点头。

从那以后，每周我都会把她和班上另几个孩子的习作作品发到小螺号广播上，有时还推荐到《小金星报》或者是《当代小学生》上，这对她来说都是莫大的鼓舞。

功夫不负有心人，现在用她妈妈的话说："孩子上学都是哼着歌走的，回家都是一脸的快乐！"听着她妈妈的话，看着孩子一脸的阳光，我心潮起伏，感谢孩子,给了我信任;感谢孩子,给了我快乐;感谢孩子,给了我为人师的幸福;感谢孩子,给了我更深重的使命感,让我知道我的事业只有起点,没有终点……

玻璃心

他黑黑的、高高的、瘦瘦的,说起话来慢悠悠的,上课起来读课文时 z、c、s 总读得不标准,好像嘴里漏风似的。他一笑,就露出可爱的小白牙。从上五年级起,我发现他永远是一副波澜不惊的面孔,俨然一个成年人。他就是梓越。后来有一次家访,我了解到他妈妈是做家庭教育的,在对梓越的教育里更多关注的是孩子的心理健康的发展。每次面对面或者在电话里和他妈妈聊天时,总能听到他妈妈对家庭教育侃侃而谈,相信在梓越的身上,他妈妈也倾注了很多的心血。

因为他很乖巧,所以在安排座位时,我特意给他配对了一个外向活泼的同桌。还记得那是一节自习课,我刚走进教室,一下子就看到他在那儿贼兮兮地用手捂着嘴,笑得那个尽兴,那个尽情,那个开心。这可是破天荒头一次。也许平时他给我的印象永远是一副小大人懂事的乖模样,所以我一时没能接受今天这样活泼的他。于是霎时间我的脸就沉下去了,盯着他的方向,不苟言笑。本来热闹的教室里,同学们看到我的表情后瞬间就蔫儿了,有胆子大的同学还顺着我的目光转头看向那个方位,足足有 15 秒的时间,梓越不时抬眼看我一下,然后又低下了头,不时又看我一下,不时又低下头。渐渐地,教室里同学大气都不敢出,就在这样的低气压下,我开启了班会课。

我正在说着预防新冠的注意事项时,好像听到了抽噎的声音。我刚开始还不太相信,仔细用耳朵听了听,觅着声音找过去,发现梓越正在哭得伤心,不时用袖子擦擦眼泪,他从来没有这样。一丝不苟的小大人,今天终于破功了。看着他不时擦眼泪的伤心模样,我没有生气,反而有点想笑。

终于等到放学了,我把梓越留了下来,只见他红着脸走到我面前吸吸鼻子，不时地抽搐一下。我拍了拍他的肩膀："咋啦？这么伤心？"

没想到梓越"哇"的一声，大声哭了起来，我认真地看着他哭，等到他哭够了，问他究竟发生什么事。他扭扭捏捏，捏着衣襟一角："老师，对不起，我不是故意扰乱课堂秩序的。我同桌讲了个笑话，我当时没忍住，就在我笑的时候，您正好走进教室。"

"那你哭什么？我批评你了吗？"

"老师，我好害怕，这是因为第一次被您抓到，心里不舒服。"这小子从来没挨批评，这脸皮儿薄着呢。

"嗯，我一进教室就看见你捂着嘴在笑，当时是挺生气的，平时你这么遵守纪律的同学，今天却被我抓住了。你觉得今天被老师当场抓住，是不是同桌的原因？"

只见他鼻子里不时冒出个鼻涕泡，红红的眼睛看着我："嗯，是有一部分原因。"

"那用不用给你调个座位？""我觉得不用老师，我同桌虽然活泼了些，但我的性子太安静了，我们俩坐在一起还是可以互补的，挺好。"

"嗯，本来我把你和你同桌放在一起也是用心良苦。他不遵守课堂纪律，你也知道，我是特意把你安排到他旁边，发现班上同学只有你坐在他旁边才能帮他有进步。"这时他破涕为笑："知道了老师，以后我会管住自己，同时也会帮助他。"

朽木也有春天

前不久，我在微信朋友圈看到这样一个视频：一匹马深陷泥潭，主人想尽办法想把它营救出来，可是总是无功而返。这时主人把牧场里所有的马都赶出来了，在万马嘶鸣、万马奔腾中，这匹身陷泥潭的马终于靠自己的力量上了岸。我当时注意到了这匹马的眼神，让我深受震撼。这种眼神不是无助，而是一种迷茫,眼里无光,放弃了自己,连对活着都变得毫无意义。这让我想到了班上的琳彤。

上课时,她会无精打采地坐在椅子上,脸上毫无表情,听老师讲课就像听天书似的;下课时,她总会一个人静静地坐在座位上,好像身边的事情都入了眼,入不了心;晚上作业写得极不认真,应不了事;每次抽写10个词语能错9个;课堂小测每次都是不及格。对这个孩子的种种表现,我真是看在眼里,急在心里,一次次放大镜似的放大她的优点。可是我每每和她谈心后,或者是在全班表扬她之后,这个孩子还是无动于衷,没有一丝波澜。那种无助感、挫败感包围着我。

因为她的抽写错别字特别多,于是我和家长沟通,每晚家长抽写一课词语,帮助她复习巩固一下。可是妈妈告诉我说孩子总是以各种借口来逃避抽写这件事情,不想多写一个字,也不爱写。于是,我又让她每天中午找个认真负责的小老师来抽她写一课。她第一天还是能够按时完成任务,可接下来,小老师天天找我,告诉我每天中午不见她的踪影,找不到她。一学期就是这样在"猫抓老鼠"的游戏中结束了,而她的成绩也不出意料,全班倒数第一,语文、数学、英语均不及格。

第二学期刚上了一个周课,因为疫情又居家上网课了。从第一天的第一节课,我就突然发现屏幕上的琳彤好像换个人似的,和在教室里的琳彤完全不一样。瞧,她每天早读时早早准备好,聚精会神、端端正正地坐在书桌旁开始一天的学习。然后我就每天在课堂上对她进行大肆表扬,让每个人都能看见琳彤的改变和进步。我对上网课的操作不太熟悉,共享的课件有时候播放不出来声音,我在电脑这端急得满头大汗,这时琳彤在QQ上和我聊天:"老师,你点点这个按钮试试。"

"好,我试试。"我很怀疑,这能行吗?

结果,我一点,果然行!当时我就开心地在QQ上给她留言:"电脑技术我可不行,是我的弱项,以后我再有不明白的地方还要请教你呀,这方面你可是我的老师。"我毫不吝啬地称赞道。

后来又有几次上网课时发生了故障,我直接在课堂上开麦:"琳彤,快帮老师解决一下,这是怎么回事?"解决完之后,我还不忘在班级上调侃:"高手在同学间。"其他同学也在直播间的聊天区不停地发大拇指点赞表情或者留言"你真棒"。

再后来,我们俩在 QQ 上聊天也越来越频繁。每天晚上 6 点前我们要发布作业,QQ 上总是在固定的时间有琳彤的提示语:"老师,作业没发布。"这时我回复:"马上,你简直就是我的小闹钟!你这么快写完了呀!看来你是咱班第一名!"就这样,网课一直上到五月,而琳彤居家上课优秀的表现也一直持续到五月。

开学后,我把她叫到跟前,对她上网课的表现进行了整体评价,然后和她商量:"可不可以每天中午找小伙伴抽写一课?"这次她眼睛不眨就同意了。就这样从五月份到七月份暑假之前,琳彤每天中午都自觉主动地找小老师抽写,抽写的正确率、书写的认真程度有很大提高,上课听讲与上学期比较有了很大的改变。到期末考试时,琳彤的成绩进步了一大截,语文考到 60 多分了。

被骗了

周五早晨 5:30 左右,我被手机吵醒了,怎么回事?离上网课时间还早着呢,我迷糊间接通电话。电话那端传来:"老师,小哲昨晚从手机上偷偷转账5000 元。我告诉您一声,您在班级说一声,省得其他同学别骗了,我马上领着小哲去报案,让这个熊孩子气死了!"还没等我反应过来,对方就急匆匆地挂掉了电话。怎么转账给别人了? 5000 元可不是个小数目。我一个机灵就起来,睡意全无。

我马上和学校领导汇报,然后焦急地等待电话。终于,电话响了,只听小哲妈说:"老师,刚刚做完笔录了,警察说肯定找不回来了,说最近学生上网课,被骗的人数不少,金额也不少啊。"我刚要问到底发生了什么事,还没等我开口,小哲妈又在那端激动地说道:"老师,小哲的网课从今天开始就不上了,我领着他到地里去拔草,我天天什么都不用他干,只要他好好学习,你看,学习没学好,玩手机被骗 5000 元,这个熊孩子……气死人。"从家长激动的语调中,我能感受到对孩子的爱,对孩子的期待。对呀,这事搁谁身上都生气。"您先消消气,和孩子好好说,可别动手啊。"放下电话,我开启了一天的网课。

吃完晚饭,我再次拿起了手机拨打小哲妈妈的电话:"小哲妈妈,你把手机给小哲,我和他聊聊。"

"喂,老师。"声音小小的,情绪不高涨。

"吃饭了吗?"我关心地询问。

"吃了点儿。"发生这么大的事,他肯定吃不下东西。

"老师知道你也不是故意的,心里肯定也很难受,是吧?"

"嗯,老师。"小哲开始抽抽搭搭地哭了起来。

"怎么回事?来和老师说说,老师可是非常好的听众啊。"

"老师,就是周四下午上完网课,QQ 上有人加我好友,是个陌生人。他和我聊天,聊着聊着他问我有没有微信,加个微信好友,于是我就同意了。加了微信好友,他问我有没有银行卡,还问我知不知道我爸妈的银行卡密码。我告诉对方,我知道我妈的,不知道爸爸。后来他就截图给我看,说不小心给朋友转账,结果充错了 5000 元钱到我妈银行卡了,让我转回来,还说让我不能告诉别人,我一看截图真的是充错了 5000 元钱,然后我就……"小哲断断续续泣不成声。"现在骗子的骗术都太高超了,不要说你,连成年人都上过当,受过骗,这次就是花钱买教训,吃一堑长一智,以后不要再和陌生人说话了。"

"嗯,知道了老师。"小喆抽抽搭搭。

"那你怎么转钱的?"

"我等我妈妈睡着之后,去妈妈卧室把手机偷偷拿出来了。然后就给对方转过去了,一次只能转 200 元钱。"

"唉,这个傻小子。以后遇到事情的时候一定要向爸爸妈妈或老师求助,和你一起想办法来解决,知道了吗?"

"知道了,老师。"

"那今天去地里拔草感觉怎么样?"我笑着问。

"天太热了,在地里拔草不如在学校里读书舒服。"

"小哲,你可真说大实话,好好体验生活。下周咱们再好好上课。"

"好的,老师。"

这在我们学校是第一例网络诈骗,虽然我以前在班会上也说过,但实效甚微,这次正好以此为契机,开个网络诈骗的班会课。

三只狗狗

早晨凛冽的寒风刮在脸上生疼生疼的,一路上我双手插在衣兜里,快步向教室走去。一进教室,温暖的气息迎面扑来,坐班车来得早的同学已经把空调打开了,真暖和呀!我擦了擦瞬间被糊得什么都看不清的眼镜。

同学们陆续来到教室,有的收作业,有的打扫卫生,有的拿起书来早读。这时临班的一位班主任老师走进来问我西边的走廊里怎么会有动物的便便呢,问我有没有踩到。我告诉她没有啊,也没看见,因为我是从东边的走廊来的。

这时坐在前面的小韩同学一溜小跑过来,小嘴凑到我耳边神秘地告诉我:"老师,刚才我去放书包,发现我的书包柜里有三只胖乎乎的小狗在那呼呼地憨睡,它们可爱极了。咱们班读书的声音都吵不醒他们。"

我立刻走过去蹲下,果然,三只棕黄色的胖胖的小狗依偎在一起,在这样寒冷的冬天互相取暖。班级有三只小狗的消息不胫而走,全班同学都知道了,纷纷跑下座位,里一层外一层地挤在小狗的旁边。

"啊,它们好可爱哦!"

"是呀,它们睡得好香呀,你们说它们做梦了吗?会梦见什么呢?"

"上学期小鸟刚飞走,这学期又来了三只小狗,我们也太幸运了吧。"

"这你不知道吧?小鸟喜欢咱们班,小狗狗也喜欢咱们班。"同学们,你一言我一语的兴奋地谈论起来。

"你们说给它们起个什么名字好呢?"

"要不咱们班就养着它们吧？"

"你傻呀，小狗又不像小鸟一样会在天上飞，其他人很难捉住它。这三只小狗很容易就被人抓住了，它们长得太小了。那被抓住了，小狗狗为了保护自己，万一咬到其他同学怎么办呢？"

"对呀，流浪狗身上都带有细菌的，咬伤了人还得打狂犬疫苗。谁付钱呀？"

他们想得很周到。

"而且咱们在4楼，他们随处大小便可怎么办呀？刚才四班的班主任老师还来问便便的事呢。"

此时大家一片沉默，眉头紧锁。

这时我让大家回到座位，拍拍手让大家安静了下来："小动物是最有灵性的，都知道咱们班同学有爱心，内心善良，不会伤害到它们，所以呀都喜欢往我们班跑。它们和老师一样喜欢你们，喜欢在座的每个同学，尤其是遇到问题的时候，咱班同学想法周全，会把所有面临的问题都一一想到。你们刚才所想也是老师所担心的事情。卫生倒是其次，如果咬伤其他同学可是个大问题，我建议把这件事情报告给学校，由学校领导来处理，可以吗？"

"老师，我们不希望它们受到伤害，希望它们能被好心爱狗人士收养。"

"对，老师，一定要保证它们的安全……"

真是一群善良可爱的小家伙，我的内心也洋溢着为人师的骄傲与自豪。

最后，在学校领导的帮助下，三只小狗分别找到了它们的家，门卫的保安叔叔们收养了它们。

出气筒

今天星期六，我以为能睡个懒觉，忽然想起今天需要全员做核酸，得早早到检测点排队，要不然就得排长长的队。拉开窗帘，太阳升起，又是晴天，我赶紧在班级群里发个"做核酸"的温馨提示,催促家长和同学们早些做核酸。

我赶到核酸检测地点,果然因为起得早而无需排长队,前面只有寥寥数人。大家做完核酸匆匆离去,直到下午5点左右,我看见学校领导在QQ上的留言,说我班小杰没有做核酸。我马上拨通小杰爸爸的手机号,结果并没有人接,看来家长还在忙活呢。等了半个多小时,我又把电话打过去,电话终于接通了:"喂,老师呀。"

"小杰爸爸,孩子今天的核酸做了吗?"

"没有!"杰爸理直气壮地说道。

"为什么今天没做呀?"

"哎,你这个老师哪有那么多为什么?"他第二句就开始劈头盖脸地批评我,"我一天到晚活儿都干不完,哪有时间领着孩子去做核酸!"我拿着电话不住地点头:"好好。"

最后,他语气又缓和了下来:"我早晨叫小杰去做核酸,可是他不起床。后来他去晚了就没做成,人家做核酸的大夫都已经离开了。"

"哎呀,我真理解你忙,那今晚能领着孩子去做核酸吗?"我刚说完,杰爸又开始朝我抱怨了:"我们村里都没有人做了,我们离文登又远,做不了,我们明天早晨去做。"

"好的,您先忙。"放下电话,我长吁了一口气,唉,班主任可真是个出气筒。这还真是第一次遇到家长这样批评班主任呢。

第二天早上8点多,我打电话给这个孩子在四年级的班主任朱老师,据了解,这个孩子在四年级时,只要他爸爸心里有气,不舒服,就打电话给班主任老师,把老师给批一顿。朱老师半年就挨了他家长四五次批评了。我这才知道原来他爸爸并不是针对我呀!瞬间心里就舒服多了。

经过和朱老师沟通,我了解到:原来小杰家里不是太富裕,有一个姐姐在上三年级时不知什么原因去世了。他妈妈有点精神问题,爸爸脾气有些暴躁。我正想着,手机响了一下,打开手机QQ一看,小杰爸爸来信息了:"核酸已做完。"我立即向学校进行了汇报,这个周的核酸检测终于落下帷幕。

通过这次电话,我发现小杰爸爸说的方言,其中有些语句我听不清,家长文化水平确实不高。但反观孩子,我发现小杰不仅性格好,学习也不错。五年级的数学都比较难,小杰却能每次都是 A,在学校里、在班级里踊跃参加活动,遵守纪律,是个好孩子。核酸每周都需要做,怎么办呢?只能做好孩子工作了。

周一来到教室,我走到小杰座位旁边,问他:"昨天几点做的核酸呀?"

"老师,爸爸领我去时是 8 点,排了一会儿队就轮上了。"

"嗯,这个周咱们是周六做的,下个周需要周日做,到时候你自己的事情自己记着,告诉爸爸领你去,你看上周六的核酸,全校一共 1 000 多名学生,只有你没做成。"我探下身子说道。

"我知道,老师。"小杰垂眸答道。

结果等到周日做核酸时,我班终于在规定时间内全员完成了核酸,看来做学生的工作要比做家长的工作有效多了。

孩子,加油

嘉成,一个白白净净的小男孩,上课偶尔搞点小动作,字写得又大又潦草,分班时是倒数第二名。也许因为班上不遵守纪律、调皮的男孩子特别多,我一时没有顾上他。

有一天,他妈妈打电话来说:"老师,我问孩子上学最近怎么样?孩子支支吾吾地说老师不表扬他……"我边听边寻思着,这个月我的确把这个孩子给忽略了。多么细心敏感的孩子呀!

第二天一大早我就来到了教室,不一会儿嘉成也来了。我看见了他笑了笑,其实他是一个漂亮、斯文且可爱的孩子,只是学习差了点。上课时,我始终把目光随时扫在他的身上,只要他愿意表现,我就让他起来回答问题。虽然大部分他都回答得不是很准确,但是却可以看出孩子的努力和上进。如果没有家长那一番电话的沟通,也许会让孩子失去上语文课的自信。

上个周我抽写的时候,50 个生词,他错了 18 个,在班级里是错得最多的人。

第二天早晨他看见了我说："老师你再给我抽写一遍吧。"我又把50个词给抽写了一遍，结果他只错了3个词。我当时看在眼里喜在心上：谁说他不聪明，其实他是一个挺聪明的孩子，只不过是有点懒，所以才学习基础有点差。我心里一阵欣喜，他在学习上还是有潜质的，虽然他起步比别人有一点晚，只要我对他多一点督促，多一点耐心，相信他会有很大的进步，嘉成，加油呀！我期待着这一天。

眼睛是心灵的窗户。虽然嘉成是男生，也许是因为内心敏感，他能够察觉到老师对他的喜欢，我能够感受到他看见我的那种雀跃的心情。于是我和他商量了一下："你觉得怎么能提高词语的正确率呢？"

他歪着头，思考了几分钟，主动地告诉我："老师，要不然我每天晚上让妈妈抽写我两课词语？"

我摸了摸他的头。"哎呀，你都想到老师前面了，这个方法可行。那每晚抽写完，订正完之后可以发个照片给我吗？"

"可以，老师！"我拍了拍他的背，表示对他的信任。

从那以后，一到8点左右，我的手机QQ上准时都会收到嘉成用红笔订正的作业。看着他那一丝不苟的态度，我感觉到嘉成的努力与改变。

一个月后，他妈妈又打电话了："老师，这几天嘉成表现得怎么样？"我便把这几天他进步的种种表现告诉了他的妈妈，听着他妈妈笑着说话，也知道她也在为儿子骄傲呢！看吧，有了家长的支持与信任，我还有什么理由去放弃任何一个孩子呢？每个孩子都是一个好孩子。

想想我们自己，虽然已经是成年人了，当我们来到一个陌生的环境里，只要有来自任何人的一句鼓励的话语，就可以消除自己心中的阴霾，扬起自信的风帆；当我们丧气颓废时，只要有来自任何人的一句鼓励的话语，就可以激扬我们的斗志，走出生活的低谷！鼓励对我们每个人来说都太重要了，更何况是孩子呢？

平日里，我总是以孩子多、事多、忙为借口，总是对那些控制不住自己的孩子多加关注，他们稍微有一点点进步，我都会大大赞赏，而对其他的孩子则忽略了。我也知道，不管是优秀的孩子还是各方面都平平的孩子，他们各有各的长处和短处,他们个个都是独一无二的。所以我们在平时的教育教学工作中,对每个孩子都要悉心、细心、给予关注,千万不能吝啬我们的鼓励。

网课尖叫

今天早上第一节课照常上起了语文网课。我正在点名,点到小彤时,只听到从她的麦里传出一声声尖厉的声音,刺得我耳膜生疼。我捂着耳朵,使劲揉了揉,赶紧出声制止:"小彤干什么呢?"我根本听不清她说着什么,估计她也没有听见我说的话。于是我赶紧把她的麦静音,维持好课堂秩序,开始上课。

下课后我打电话给小彤妈妈,电话响了很久也没人接听。挂断电话,想到小彤上学期和妈妈之间的沟通,她闹了一通后,情绪一直比较平稳,今天这又是怎么了?正在思索时,小彤妈打来了电话,我立刻接通。"老师,不好意思啊,又让您见笑了。"

"没事儿,没事儿,谁家没个熊孩子呢。"

"老师,我在一楼,让闺女给赶出来了,邻居们在我家里轮番上阵劝她呢。"小彤妈情绪有些低落,只听她又絮絮叨叨:"她都这么大了,每次一哭就喜欢在楼梯上扯着嗓子使劲嚎,吵得楼上楼下的邻居不得安宁,好像生怕别人听不到似的,我就寻思这么大的姑娘了,怎么就不知道害羞呢?唉……唉……"小彤妈接二连三地叹气道。"那今天早晨是怎么回事?"

"唉,老师,是因为昨天晚上她爸因为小彤早晨起床起不来,让她早些睡,她偏不,结果早晨又起不来了,他爸就吼了她两句,她就不乐意了,又吵又闹,唉,这个孩子,怎么这么不让人省心呢?"

"小彤晚上几点睡呀?"

"她一般8点就没事儿了,让她看书,她又不爱看,就喜欢摆弄个小玩具。叫她早些睡,她说睡早了翻来覆去睡不着。她每天晚上都得9:30左右开始洗漱,到10点才能上床,早上又起不来。老师,你都不知道每天早晨不去叫个五六遍,她就不起来。"小彤妈道。

"小彤妈,你想想,咱姑娘晚上不玩手机,不看电视,只是玩个小玩具,已经让你少操很多心了,这是一个大优点。孩子想玩儿是天性,你可以和她商量一下玩到几点,到点马上睡觉。起床的时间你需要明确地告诉她,只叫她一遍,不起床后果自负,剩下的事情可以交给我。"

"哦,好的,老师。"

"等会儿回家,你也不用和她讲道理。人有情绪的时候,你所说的话,她一个字儿也听不进去,你该干吗就干吗。"

"好的,老师。谢谢您,让您也跟着费心了。"

然后一天我也没再打电话给小彤。第二天一早上网课点名,小彤已经早早准备好了,但我又故意冷了冷她。直到吃完饭后,我打电话给小彤妈,让小彤妈把电话给小彤:"喂,老师。"电话另一头小彤小心翼翼地说道。

"想不想对老师说些什么呀?"

"嘿……嘿……老师对不起。我情绪激动起来,就控制不住自己。昨天扰乱课堂秩序了。"

"每个人都有愤怒的时候,愤怒是很正常的情绪,你能够察觉到自己的愤怒很了不起哦。你能用尖叫把心中的愤怒宣泄出来,嗯,很不错。你听过《愤怒汤》的故事吗?但是如果我们能不影响到他人是不是更好一些?"

"嗯,老师。"

"那你心里感到愤怒时,以后你会怎么做呢?"

"我可以在自己的房间里静静待一会儿。"

"还有吗?"

"我还可以拍打一下枕头。"

"嗯,这些方法都可以,下次你可以试试,当然还可以倾诉。向你信任的人,父母、老师、小伙伴倾诉一下也能够缓解,知道吗?"

"老师,我以后会注意的。"

黑白点

周一班会课铃声响了,同学们已端正坐在椅子上。

"老师,这节课班会课干什么?"浩楠同学迫不及待地举手问。

"是呀,是呀,老师快给我们剧透一下吧。"大家一同起哄道。

我笑眯眯地拿出一张白纸,还未说话,"老师您就拿一张白纸,咱们班 45 个同学也不够啊?"小凯又抢先问道,其他同学也是不解,目光中充满疑惑。

我徐徐打开这张纸,伸展开,举起来。一张白纸中间有一个黑点,"大家看到了什么?"

立刻后面的思菲站起来,探着身子往前看去,有的同学则抻着脖子向前盯着,还有的同学睁大眼睛,一动不动地看着。

欣蕊举手站起来,不确定地说:"老师,我看到了一个黑点。"我笑而不语,走到第二排。

"来,让我们的小火车开起来,依次说。"我随手指向了第 4 排。

"老师,是个黑点。"一航说。

"我也看到一个黑点。"佳彤说。

致成把眼睛都快贴到纸上去了,"同学们,我敢肯定就一个黑点。"同学们哈哈大笑。

"你来说。"

"黑点,老师。"

"也是黑点。"

"白纸上有个黑点。"

"来,同学们使劲睁大眼睛,专注地看着这个黑点。1 秒、2 秒、3 秒、5 秒……10 秒,同学们停下,你发现了什么?"我继续举着白纸。

这时有不少同学揉了揉眼睛,"老师,我怎么感觉黑点儿似乎越来越大了呢?"佳瑶语气中带了一丝怀疑。

"我也是啊。"浩天跟着道,还和佳瑶交换了一下眼神,好似找到了知音。

"同学们,这个黑点就像咱们班同学班上的不良行为,当你紧盯着这些同学的这些不良行为时,这些不良行为就会放大,而看不到这个同学身上像白纸的美好部分,也就是优点。想一想是不是这样?"我环视了一圈,每一个同学都在认真思索。

"老师,您说得好有道理,我一直盯着小凯每天打架的行为,我就认为他不是一个好学生,可其实他也很乐于助人。"彦妮边说边瞄向小凯,小凯也得意地伸着脖子望向彦妮。

"是的,老师,我一直认为咱们班的一航同学学习不好,您这一说,我才想起来每天都能看到他的努力。"亚轩正说着,一航就赶紧悄悄地坐正了身体,嘴角微抿,都掩饰不住他的高兴。

其他同学也都若有所思地点点头,鸦雀无声。

这时,我又变戏法似的从口袋里又掏出一张纸,再次展开,一张黑纸中间一个白点,"同学们,这次你又看到了什么?"同学们异口同声道:"白点"

"看吧,同学们,其实快乐幸福很简单,只要我们把目光停留在像白纸这样快乐幸福的事情上就好了。如果每天我们都只关注这些美好的事情,那么就不会觉得生活中、学习上的烦恼是多大的事情,都能够欣然理解、愉悦、接纳。"此时每个同学都坐得端端正正,很是认同。

"那现在给大家五分钟时间,想想从起床到现在你感受到的三件好事,静静地感受。"有同学已闭起眼睛,认真地回想着。

"哪位同学愿意分享交流?"

"老师,我今天数学课堂小测得了满分,这是一件好事。"梓裕同学眉飞色舞道,我向他伸出了大拇指。

"老师,今天您表扬我写字漂亮,我心里很开心。"馨雨说道。

"老师,今天中午餐厅的饭菜特别好吃,我很喜欢。"文宇响亮的声音响起。

…………

"同学们,我们的心灵偶尔会发生些'小感冒',但我们可以训练自己改变思考方式,坚持每天记录和分享生活中的好事,一句话,一件事,点点滴滴的快乐会提醒我们每一天都很美好!"

约定

忙碌而又舒适的寒假,眨眼就结束了。来到学校的第一天,所有班主任就被叫到了二楼会议室,说是转来了一些学生。分到我班的学生的爸爸文质彬彬,一看就文化水平相当高。爸爸的个子高,闺女的个子也不矮,我1米65,而这个五年级的姑娘目测比我还高,而且比我还壮呢。圆圆的脸庞,嘴角微抿,一双略微有点儿大的眼睛直盯着我,感觉像是初三的学生,这是当天她留给我的初印象。

由于她个子比较高,所以来到教室后只能安排她在最后的位置。我慢慢了解到,她从贵州转来的,她在贵州上的初一,数学几乎是零分,语文、数学、英语都不及格。

谁知两个周后,因为新冠疫情,我们又居家上网课了。周五晚7点,班级召开了家长会,对本周线上学习的情况进行了总结,同时我又对家长普及了一点家庭教育方面的知识,正好开到7:30。刚要下播,这时一位女同学说:"老师,今天上午我加你微信,你为什么没加我?"

"嗯,你是谁?"我大脑急速搜索,想起好像是有这么回事,上午9点多一个陌生人加我微信好友,我一看头像整个是黑乎乎的,再一看昵称,是很消极负面的名字,我就没加对方为好友。

"老师,我是潇娴。"记起来了,那个开学刚刚两周转到我班的大姑娘。

"那你的头像是不是黑色的?"我有些不确定,赶紧确认一下。

"嗯,是的。"

"好了,各位家长朋友们,今天我们的家长会就到这里,大家可以下线了,"我一边结束家长会,一边说,"来,潇娴,咱俩下线之后加微信。"

"好的,老师。"听她的声音感受到了欣喜。

我刚下线,拿着手机,打开微信消息,她已经加我好友了。我通过之后,微信电话立刻就打通了,"老师,你在听吗?"

"我在听啊,潇娴有什么事?"

"老师,我想和你说说话,我心里太郁闷了,但你保证不能告诉我爸爸。"她急促地说道。

"行,没问题!"她有什么大事啊?我心里直嘀咕。

"老师,我和爸爸的关系特别不好。小时候在贵州,在我印象里,有一次因为他和我妈妈吵架,我妈妈割腕自杀过,当时流了好多血。我当时以为妈妈不回来了,我害怕极了,也特别生我爸爸的气,从那以后我就对我爸爸特别烦躁。幸亏爸爸常年不在贵州。没想到今年我和爸爸住到一起了,我看见他就特别烦,特别恨他。我整宿整宿都睡不着觉,失眠,然后我就开始酗酒,想把自己灌醉,发现没用。现在我就开始用圆规划自己的胳膊了。"是的,五年级正好开始学画圆的知识,我一边听一边心惊胆战。"但是我又控制不住自己,我想跳楼,每当我坐在我家楼房的顶上,我就想象如果我跳下来,妈妈到时候搂着我冰凉的身体,肯定是会崩溃的。嗯,我妈妈很爱我,从小我就是妈妈的小公主,如果我死了,妈妈也会活不下去的,为了我妈妈,老师,我不能跳楼。"她断断续续,有时候语无伦次。后来她又和我聊起了网络自杀网站……听了潇娴的话,我对这个孩子充满了疼惜,可怜的孩子!

"来,潇娴打开视频,老师能看看看你的胳膊吗?"

"嗯,好的老师。"只见视频中,她的两个胳膊,从上到下,从正面到反面,全都是伤痕累累,有旧的疤痕,但又很快被新的疤痕所取代,用四个字来形容,那就是惨不忍睹。

"孩子,你妈妈看见了吗?"我的声音有些发颤,小心地问。

"我妈妈知道。"她小声答道。

"孩子,老师看了心里都会舍不得,何况你妈妈,相信你妈妈心疼死了。以后有什么事尽管和老师说啊。"电话那端一阵静默。

就这样,我和潇娴一直从晚上 7:30 聊到 12 点才下线,并约定让她每天晚上 8 点准时和老师聊天。她下线前还一个劲儿地叮嘱我,千万不要告诉她爸爸,我答应了。

从那以后,每天 8 点我和潇娴要么在微信上语音聊天,要么就是视频聊天,家长里短,什么都谈,暂时不谈学习,目前调解她的情绪才是关键!

童年趣事

今天和孩子们一起学习课文《祖父的园子》,孩子们从课文中找到了作者萧红在祖父园中跟着祖父栽花拔草、铲地浇水、种白菜、摘黄瓜、捉蜻蜓、采倭瓜花、捉绿蚂蚱的童年趣事。孩子们交流得不亦乐乎。

"同学们,作者萧红向我们诉说了小时候她的自由、快乐、幸福的童年,那你们童年时又有哪些趣事呢?"我想象中,孩子们应该像个话痨,对童年有着说不完的话题。我正期待着同学们小手林立,可是同学们却大眼瞪小眼,一声不吭。怎么回事?没兴趣?还是不好意思?

"那你们四人一个小组一起交流交流你们的童年趣事吧。"有的同学龇牙咧嘴,有的同学则捂着嘴偷偷地笑着,慢腾腾地转着身靠拢在一起。

有的小组在窃窃私语,不时传来轻微的嘻嘻声;有的小组同学你看我,我看你,每个人都一言不发,干坐着。不一会儿,各小组就转过身来坐好了。

"这么快就交流完了,哪位同学来分享一下?"我问道。

有的同学赶紧低下了头,有的同学则左转右转,看看谁是第一个起来吃螃蟹的人。

"旭昌,你来吧。"我看着旭昌在那儿转来转去,忙把他叫起来。

"老师,我喜欢玩电子游戏,电子游戏算不算趣事?"旭昌说到游戏时脸涨得通红,不停地用手背搓着鼻子。看来他自己也觉得大庭广众之下谈游戏不是个好事儿。

"你除了玩游戏还有什么趣事儿?"我再问。

旭昌用迷茫疑惑的眼神看着我。"你先坐一下,其他同学的童年还有哪些趣事儿呢?"我又接着询问其他同学。

见状,同学们都摇摇头。

"大家童年的趣事儿都是游戏的请举手。"大家都向四周看了看,犹犹豫豫地举起了小手。几秒钟的时间,全班同学几乎都举起了手。呀!孩子的童年和游戏密不可分了,作为游戏盲的我真搞不懂,不明白孩子玩游戏的心思,游戏就那么好玩吗?

"来吧,旭昌,你介绍一下最喜欢的一款游戏吧。我可不喜欢玩游戏,看看你讲的游戏我能不能听懂。"话音刚落,其他孩子哄堂大笑,还有几个跃跃欲试的。

"我真可以讲?老师,你没骗我吧。"旭昌挠着后脑勺,感觉不可思议。

"当然,老师啥时候骗过人。"闻言,旭昌立刻一改先前的拘谨,故意咳了咳嗽,亮亮嗓子,滔滔不绝地讲解起来。

眨眼间15分钟过去了,其他同学听得津津有味,还时不时地给予补充,但旭昌还没有结束的意味。正在这时,终于,芮麟打断了旭昌的豪言壮语:"老师您能听懂吗?"瞬间,我感觉同学们的目光似聚光灯似的聚在我的脸上,每个同学都盯着我看。

"你能听懂吗?"我反问。

"老师,我能,您肯定不能。"芮麟肯定地说,而又后知后觉地捂着嘴笑。

"这是把老师我看扁了,呵呵,不过你还真说对了,我听到现在都是一头雾水,"我笑着说,"不过光会玩游戏有啥意思?听听我小时候的趣事儿,准让你羡慕。"

"啊!老师,您快给我们讲故事吧?"我终于把他们的注意力从游戏中拉回来了。于是我在黑板上画了一只天牛,我的简笔画惨不忍睹,天牛硬生生让我画成了"大蚂蚁",逗得同学们哈哈大笑,有的同学眼泪都笑出来了。

"停!言归正传,认识这个昆虫吗?我猜你们肯定不认识。"激将法来了。

"老师,蚂蚁平时很常见,没有这么大的而已。"袁野挺着小胸脯,指着黑板说。

"非也,这是天牛。我小时候一下雨,就会从地底下冒出很多天牛,有母的,肚子特别大,有籽儿,炸着吃特别香,有公的,肚子瘦瘦的。每次下雨,爸爸和我就会穿上雨衣,全身武装。一人提着一个小水桶走向山里,只见地上爬的、半空飞的,到处都是天牛。看到一个我就用脚赶紧踩住,小心翼翼地用手揪住它的两根触角,迅速把它丢进水桶里。"

我正讲得起劲时,亚轩打断道:"老师,为什么要用脚踩住?"

"得!一听就知道你没见过天牛,更没吃过它。那是因为呀,它的嘴里长了两颗尖尖的大牙齿,如果咬住了你的手,可疼了!"说着我又在黑板上给天牛画了两个尖尖的牙齿,就像青蛙伸出舌头卷住一只天上的飞虫似的。见状,同学们再次爆发出笑声。

"嘘!只可意会,不可言传!继续——我和爸爸不停地把它们一个个拾进桶里,然后用盖子盖住,防止它们飞出去逃跑。等两个小水桶装满了,拿回家放到油锅里炸一炸,吃着可香呀。"这时很多同学都笑了,笑得那么开心。

"你们抓过鱼、捞过虾吧?每到夏天,我都会趁着爸爸妈妈午睡时,拿着家里煮饺子那个工具——漏勺,还有暖壶来到小河边。"

"老师,您拿暖壶干什么?"雨轩感到好奇。

"欲知详情请听我说。来到小河边,小河的水清到能看到里面的虾儿、鱼儿自由自在地嬉戏,我蹲下身子,拿起漏勺绰进水里,再'嗖'地拿出来,漏勺上就有许多小虾在上面蹦来蹦去,我赶紧把它们一个个拾进壶里。"孩子们听闻恍然大悟,原来壶是用来盛虾的。

"老师,为什么不用盆子?更方便。"坐在前面的浩龙站起来不解地问。

"看来你很有经验哦,"我笑呵呵按着他坐下去,"欲知详情,请继续听我说。我就这样尽情地捞着,一边用眼睛仔细观察水里的情况。忽然一只泥鳅从河底钻出来了,有20多厘米长。我眼疾手快,一下就把它抓住了,立刻放进暖壶里。"此时教室里再次爆发出笑声,大家由原来的惊讶改为恍然大悟了,原来暖壶是为了放泥鳅啊。

"泥鳅那么长,放在盆里很容易就溜出来逃走了,我不就前功尽弃了吗?可是放在暖壶里面它就出不来。"看着同学们灿烂的笑容,我接着说:"不过呀30多年前的小河,老师记忆中童年的小河早已不见了踪影。但是童年的那些趣事,我却记忆犹新,仿佛就在昨天。那条小河承载了老师童年的快乐。同样,同学们,手机是你们的玩具,但是手机也可以成为学习的工具,让我们掌控手机,度过一个毫无遗憾的童年吧。"

说罢,同学们都不由自主地屏住呼吸,认真思考起来。教室里静极了,窗外一阵微风吹来,窗帘在风中翩翩起舞,时光安静地流淌着。

说黄毛

高高的、蔚蓝的天空中飘着悠悠白云几朵。今天和同学们一起学习了冯骥才的散文《珍珠鸟》。同学们在细细地默读课文之后,纷纷举手,说了自己的感受。

钰涵说:"作者刚开始给小鸟营造了一个舒适的家,我可以感受到作者对珍珠鸟的喜爱。"钰涵刚坐下,小涵接着补充:"同学们,从这里也可以看出作者对珍珠鸟的喜爱,小鸟宝宝出生了,它把小脑袋从叶间探出来,作者也不去惊动它们,尤其后面还说到小鸟在屋子里飞来飞去,可作者都不管它,任它自由自在地飞。"

子赫说道:"大家继续看,因为鸟儿察觉到了作者对它的喜欢,它的胆子更大了,距离作者也越来越近了,由书桌到桌子,到作者的杯子旁,再到作者的稿纸上,绕着作者的笔尖蹦来蹦去,用小红嘴儿去琢作者颤动的笔尖,甚至在作者肩上睡着了。这些都能够感受到作者对它的喜爱。"

"老师,我还有补充。"梓裕举手。

"来,梓裕说。"我伸手同意。

"老师,不仅作者喜爱珍珠鸟,珍珠鸟也非常信赖作者,相信作者不会伤害他。"梓裕看着同学们说。

"所以课文最后说——"

"信赖往往创造出美好的境界。"大家齐声回答。

"同学们,是呀,有了信赖,世界才多了一抹温馨的色彩。有了爱,才能使信赖永驻人间。在大千世界里,何处不需要关爱,何处不需要信赖?说到这里,我想到了我曾经捡到的一条小狗。"此时我故意停顿了一下。

"老师又给我们讲故事了,大家快坐好。"梓裕一声令下,顿时教室的声音戛然而止,静悄悄,安静极了。

"老师拾到的这只小狗名叫'黄毛',因为它全身都是金黄色的毛。那大约是六年前的一天,我儿子当时上小学五年级。他中午要回家睡午觉,走到二中的红绿灯处正好是红灯,这时小小的主角'黄毛'登场了。它当时特别小,走路还不稳，大约只有 15 厘米长，当时的它在路边的石条上小心翼翼地走着，仿佛是走独木桥似的，一不小心还会打个趔趄，一下子栽到了马路上。我就眼睁睁地看着它从马路边儿一扭一拐地朝马路中央走去。因为是红灯，所有的车辆都是静止的。它穿过一辆车，又穿过一辆车，马上就要到路中间了。就在这时，绿灯亮了……"同学们都吓得张大了嘴巴。

"老师，小狗的主人呢？"卿霖问。我摇摇头，接着往下讲，"也许是老天爷看着它长得可爱，也许是小狗天生聪明，它竟然在每一辆车开动前又调转方向，往马路一边儿跑去。我当时骑的电动车，见状，我让儿子下车把小狗抱起来，打算把它送到红绿灯对面的草坪上。我和儿子过了红绿灯，儿子把它放在马路边的草坪上，转身跑回电动车座位上。我刚想加油门出发，结果小狗四条腿儿飞快地跑过来。前两只小蹄子就这样趴在我电动车前面的脚踏板上。"我一边说一边示范，不少同学的脸上为小狗狗躲过车祸而露出了开心的笑容，也有同学为小狗狗的聪明机灵点赞。

"儿子就这样抱着它往返了三次也没能放成功，它每次都会跑回来紧紧地趴在我的脚踏板上，生怕我们把它丢下。于是我就带着一儿一狗，三人骑电动车回家。回家后我赶紧给它准备了鸡蛋和牛奶，它呼噜呼噜地喝完奶，吃完了一个鸡蛋，只见它的小肚子就像气球似的，瞬间鼓起来了。吃饱喝足的它，就在我们为它准备的纸箱子里满足地睡着了，中间也没有发出一点儿声音打扰我和儿子午睡。午睡起来了，我和儿子赶紧把它领出去大小便。它马上跳进小区中间的花坛里大小便了，哎呀，真的是拾到宝了，还是一只讲卫生、爱干净的狗狗呢。下午马上要上学了，我和儿子最后把狗狗关进楼下的草厦子里。下午放学回家，我和儿子赶紧把草厦子的狗狗放出来，一放出来，它又是先上花坛大小便，然后跟在我和儿子的身后。我们走哪儿它就去哪儿，我和儿子就给它写了'寻狗启事'发到朋友圈里。结果一周过去了，也没有人来认领这只狗狗。当然，到现在也没有认领。"

"老师，你们领养不就得了吗？"子赫笑着问。

"对呀，我们就把它养了下来，每天领着它散步、玩耍。很快，一个月的时间就过去了，黄毛长本领了，会看家了。每天早晨，只要草厦子前有人经过，它就会'汪汪'地叫个不停，因为它的叫声会扰民，所以就把它送到了我妈妈家。"
同学们都聚精会神地听着。"黄毛到我们家成为我们家的一员，已经有六个年
头了。一回老家，黄毛老远就能听到我们汽车的声音，飞快地跑到平房上迎接，
但看到汽车的一刹那，又飞快地从平房上跑下，早早地跑到汽车旁边迎接我们
下车。我们一下车，它就会伸出他的两个前蹄儿，嗯，轮流趴在儿子、我、我老公
三人的腿上，直立起来，亲密地撒着娇，表达着它对我们的思念之情。中间我们
走到哪儿，它都会跟到哪儿，尤其是当我们傍晚要回文登时，它的两个前蹄儿再
一次轮流趴在我们的腿上，就像小婴儿不想让爸爸妈妈去上班似的，充满了不
舍与留恋。"

同学们都静静地听着，这也是一场爱与信任的邂逅。信赖与爱在每个人的
心间流淌着。

三宝

班上有个叫海龙的同学。单从名字上看，能看出家长对他的殷切希望，希
望儿子有宽阔的胸怀和气度，是人中豪杰，一生幸运环绕，理想抱负远大，成为
国家栋梁。他平时上课、下课、写作业等非常自律，在班上男生中确实属于佼佼
者。

运动会报名开始了，我利用体育课把全班学生带到操场上，和体育老师把
各个项目都测了测，实在没有运动员，于是田径运动会只有海龙和邵博两位同
学参加径赛，其他同学全部以田赛为主，这样拼凑了12个运动员，男女各6个。
我和体育老师还说这次运动会我们班成绩肯定是倒数第一。

终于到了运动会，发令枪一响，看着一项项比赛落下帷幕，听着广播里一
项项比赛成绩以及领奖名单，一上午下来，我班一共获得了两个第一，再没有
任何得分项目了，田赛成绩也不理想。这两个第一分别是海龙同学的400米和
800米。1500米比赛中，邵博经过顽强拼搏，终于为班级取得了第二名的好成

绩。

终于到了激动人心的男女混合 400 米接力比赛了，男生海龙、邵博还可以，女同学实在找不到参赛人员，最后骡子里挑将军，钰涵和勃雅参加了接力比赛。本就没有抱多大希望的我让海龙和邵博把他们四人接力的顺序安排一下。海龙告诉我他跑第一棒，勃雅第二棒，钰涵第三棒，邵博第四棒。

比赛正式开始了，发令枪一响，海龙就像离弦的箭、奔腾的小马驹，迈着有力的大步子，挥动着有节奏的胳膊，目光如炬，坚定地向前跑去。咦？第一名！远远超过第二名 30 米之远。这时我的士气也被海龙鼓舞了，大声喊着："海龙，加油啊，为后面的女同学多争取时间。"

班上的同学也围在跑道旁，大声地呼喊着海龙。不负众望，他在超越第二名 50 米远的距离把接力棒传递给了勃雅。别看勃雅个子小，她一手拿着接力棒，转身奋力向前跑去。同学们的加油声再次响起，后面的选手也一步步向前追去。经过勃雅的努力拼搏，交棒给钰涵的时候，和别的班的距离只剩下 20 米了，关键得看第三棒了。

此时接力赛进入了白热化阶段，钰涵拿起接力棒迅速跑到第一跑道处，不管不顾地向前跑去。"钰涵，加油，钰涵，加油，钰涵，是最棒的……"同学们的呼喊声此起彼伏，不绝于耳。可后面的选手距离钰涵仅有一步之遥了。

当钰涵把接力棒传递给第四棒邵博的时候，邵博已经被其他班的选手追上了，输赢就在此刻。"邵博，冲啊……"这时操场边上的同学都动起来了，跟着邵博一起奔跑起来。在冲向终点的那一刻，4×100 米的接力终于落下帷幕，我班险胜，取得了第一名的好成绩。

由于接力赛的成绩突出，最终我班由倒数第一的成绩，一跃成为第三名，海龙也因为这次的运动会一战成名，"飞毛腿"的称号全校知晓。

海龙的体质好，运动技能也高出同龄学生许多。他天天早上、晚上的最后一节课要到篮球场地去训练。听体育老师说，篮球队里数他水平最高，是一颗好苗子。

刚表扬他没几天，一天早晨，篮球队体育老师王老师过来找到我，"毕老师，你们班海龙同学告诉我，他不去篮球队了，说耽误学习。篮球队再有一个周就要比赛了,海龙还是篮球队的主力队员,篮球队没有他肯定是不行啊。毕老师,您帮忙做做小孩子的思想工作吧。"王老师一脸无奈。

"王老师,我找海龙谈谈。"我安慰道。

中午我走进教室把海龙叫出来,"海龙,喜欢打篮球吗?"

"老师,我喜欢,但是妈妈不让我参加,说是耽误学习。"海龙看着我。

看来问题是出在他妈妈身上,于是我拨打了海龙妈妈的电话。

"喂,海龙妈妈,有件事和您说一下,海龙上五年级学习不错,体育在咱们班也是佼佼者,在篮球队也是主力,可海龙说你不想让他参加篮球队训练了。篮球比赛在即,您看看能不能让孩子继续到篮球队去训练。"我把我的意图开门见山地说出来。

"老师,您不知道,我有三个孩子,老大、老二学习都非常好。老大已经上大学了,老二在高中。海龙早晨需要到校训练,我早晨去送完老二,一会儿就得去送海龙,时间实在是顾不上,没办法去送海龙。"

原来是时间的问题。"这样,我去和体育老师商量一下,看看怎么解决。"然后我又和海龙妈妈说了,海龙是个全面发展的好孩子,也感谢了家长对学校班级工作的理解和支持。

放下电话,我马上和体育老师王老师沟通。经过商量,海龙每天最后一节课去操场上训练,早晨就不用训练了。当我告诉海龙的时候,海龙高兴地咧开嘴笑了。

都是别人的错

昨天晚上,我正在家里观看家庭教育讲座,这时手机响起来。"喂,你好。"我礼貌应答。

"老师,您好,我是浩龙的爸爸。"对方介绍着自己。

浩龙刚上五年级时,我就从四年级的曲老师那里了解到他父母离异,兄弟姐妹三人,姐姐上初一,浩龙和弟弟是双胞胎,由爸爸一人拉扯长大。而爸爸天天到离家很远的建筑工地打工,早晨早早出发,晚上很晚回家,三个孩子是真正的放养长大的。爸爸把三个孩子拉扯这么大,也真是不容易。

"你好,浩龙爸爸,有什么事儿吗?"我客气地询问。

"老师,今天晚上浩龙说上体育课时,他在操场上蹲着,军体委员彦妮踢了他一脚,他到现在腰也疼着呢,哭着说不能上床睡觉。"浩龙爸爸有些气愤地说道。军体委员本来是梓涵,今天他请假了,我就让彦妮临时担任,彦妮是位女同学,踢一脚能这么严重吗?我有些不大相信,再加上平时据我观察,浩龙虽然不是明目张胆的淘气,但是经常先做一些小动作去招惹别人。

"浩龙爸爸,你先找浩龙过来接电话吧。"我想先听听浩龙怎么说,弄清楚事情发生的缘由。

浩龙接过电话。"老师。"听起来有些委屈。

"上体育课发生了什么?浩龙?"我沉声道。

"老师,我就在操场上蹲着,彦妮就过来踢我的腰。"说着他还小声地抽泣起来。

"好,你今晚先好好休息,"我安慰着,"你把手机给爸爸。"

浩龙爸爸接过电话。"浩龙爸爸,明天上学之后我就会去调查这件事,调查完毕会给你答复哦。"

"好。"浩龙爸爸同意了。

第二天早晨,我一早来到教室,把昨天涉事的相关同学,浩龙、袁野、彦妮三人都叫到了教室外面的走廊上。

"彦妮,昨天上体育课怎么回事?为什么去踢浩龙呢?"我直接问出。

彦妮目光毫不躲闪,坦然承认:"老师,昨天上体育课,他们两人在那儿疯打闹,我去制止了好几次,他们俩也不听,于是我就踢了他们一人一脚。"我目光转向远野。"是这么回事吗?"

袁野急了,满脸通红。"老师,是这样的,可是是浩龙先动手的。他从兜里掏出一把尺子,说这是暗器,然后放到我的脖子上,我才和他打起来的。"此时我又把目光扫向了浩龙,浩龙一看马上慌了。"老师,第二次是袁野让我用尺子抵在他的脖子上。"瞧,开始推卸责任了。

"那你不是说你在操场上蹲着什么也没干吗?"我朝他厉声呵斥。浩龙瘪了瘪嘴,眼里又蓄满了泪水。

"现在腰还疼吗?"瞧着他那可怜兮兮的样子,我的口气缓了下来。

"还有一点疼。"说着,他的眼泪吧嗒吧嗒地掉了下来。

"我看看什么地方疼。"说着我去撩起他身后的衣服,他扭着身子躲闪着,硬是不让我看。

"那好吧,如果下午还疼就告诉我一声,到时候我让彦妮妈妈送你去医院。"浩龙点了点头。

"不过今天这个事你们有错吗?"我望着袁野和浩龙。

袁野机灵的小眼儿巴巴地看着我:"老师,我们上体育课不应该疯打闹。"

见状,浩龙马上跟着附和道:"老师,我不该拿尺子疯打闹。"

"对呀,你们两个有错在先,老师得先批评你们,以后可得注意了。"说完我又把目光扫向了彦妮,彦妮立刻跟风:"袁野,对不起!浩龙,对不起,我不该踢你们。"袁野和浩龙马上大度地摆了摆手:"不是,是我们的错,我们的错。"此时看着又和睦的三人,我忍不住笑了。"看这样多好啊,咱们是相亲相爱的一家人,以后你也得注意,作为班级干部,遇到问题时有许多方法可以解决,最无能的解决问题的方式就是暴力。"彦妮咬着嘴唇眨了眨眼睛。

脑洞大开

今天星期三,我和孩子们一起学习王昌龄的古诗《从军行》。

"来,钰涵,给大家读一下这首古诗。"我点名说。

"青海长云暗雪山,孤城遥望玉门关。黄沙百战穿金甲,不破楼兰终不还。"钰涵声音响亮地读起来。

"嗯,字正腔圆,声音响亮,不错!"我朝着钰涵赞叹道。

"来,每个同学都像钰涵这样朗读试一试。"教室里立刻传来了朗朗的读书声。

"哎?同学们,你知道第一行诗句什么意思吗?或者说你看了第一行的诗句,脑海中浮现怎样的画面?"我引导孩子们来体会诗句的意思。

见大家都默而不语,于是我再次问:"第一行诗句中,你发现了哪些事物?"

"有青海湖,有雪山,还有云朵。"亚轩高声答道。

亚轩边说着,我边在黑板上画起了简笔画,一个大大的湖,一座高高的山,在山上点了很多的白点儿,相当于白雪皑皑。

"老师,嘿嘿,你画的这个湖不像。"海龙捂着嘴评价说。

"呵呵,对于画画,老师我是甘拜下风,下一行古诗,请同学们不吝赐教。"我双手作抱拳状,教室里立刻再次传来开心的笑声。

"好啦,言归正传,来大家看着这幅画看图说话,用自己的话说说这幅画的画面吧。"我换汤不换药,要求让学生说出诗句的意思,只不过换了个说法而已。

"青海湖的上空有白云朵朵,雪山使白云都暗淡了。"子涵利落地说。

"好样的,看吧,理解诗意的方法很简单,只要我们把诗句里面的景物画下来,然后再用自己的话给图加上修饰词,配上文字即可,简单吧?这样的方法我都不告诉别人。"同学们再次哈哈大笑。

"来,大家再看第二行诗句,用上面同样的图配文字的方法吧,哪位同学来画一画?"我班的"小画家"仪涵同学自告奋勇地举手,并跑到讲台上。她小手一动,不一会儿,一座高高的城就立在了黑板上,远处又画了一个关口,上面写着"玉门关"。刚画完,教室里就响起阵阵掌声。

"哟,真不错!"我背着手在讲台上瞧着大作,"真是水平不一般呀。"同学们笑得脸都疼了。

"现在谁来给这幅画配上文字说明呢?"我立刻趁势追击。

雨轩立刻举手。"一座孤城,远远地望着玉门关。"

"说得好。"我高声赞扬道。

这时我发现前面的威龙同学正在纸上画着什么。他也许是画得太专注了，也许是沉浸在了自己的画作中无法自拔，我悄无声息地来到他的桌子旁，他没发现我。我定睛一看，呃？这画的是什么？黑乎乎的一大片。"威龙这是画的什么呀？黑乎乎的。"

威龙猛地抬头一看，吓得脸都白了，坐着一下子懵在那里。

"还别说，你这幅画让我想起了我儿子上小学二年级时，他上午因为作业完成得不认真，被班主任老师批评了。下午的美术课上画的红绿灯主题，我儿子的作品中只有红绿灯三个灯是彩色，剩下的全部都是黑通通的，美其名曰：乌云密布。再看其他同学的作品都是色彩斑斓的，后来班主任老师问儿子为什么会画得黑乎乎的，他说因为受批评心情不好，所以选择了黑色画笔。"同学们都静静地听着。

"怎么？威龙你今天心情也不好？"他仰着脖子望着我，挠着头。"嘿嘿，不是。"

"你画完了吗？"我仔细瞅着。

"嗯，画完了老师。"于是我把他的作品拿给同学们看。

"下面我们来玩儿个'脑洞大开'的游戏，猜猜威龙画的这是什么。"这时威龙赶紧不好意思地用手捂住眼睛。

"老师，我认为他画的是一个黑洞。"同学们目光齐刷刷地看着一航，又回来再次看这幅画。

"哟，小子，想象力挺丰富，还有不同意见吗？"

"像蜘蛛网。"思菲说。

一石激起千层浪。"像剪的黑布。"

"像黑石头。"

"像是被别的小朋友用石头打碎的玻璃。"

"像油画。"

…………

大家七嘴八舌，由学古诗转到玩游戏了，同学们还乐在其中。

"老师，您说像什么？"彦妮站起来发问。

这是要考我个措手不及吗？幸亏同学们在脑洞大开的时候，我也在思考。于是我故作高深地吟出一句诗："荷尽已无擎雨盖。"

谁知同学们竟大笑起来。"老师，你怎么跑题了？问题是这幅画像什么。"恰好此时，我看见窗台上不知何时哪位同学放了一根小木棍儿，我灵机一动，马上拿过威龙的作品，下面连接上一根棍儿，边连接边吟诵："荷尽已无擎雨盖。"突然"咻"的一下，棍儿上面的荷叶像蝴蝶似的落到了地面上。

班长梓裕立刻举手："老师，我明白了，你刚开始拼的是荷叶，这不秋天到了，荷叶枯萎凋落下去了，只剩下了一根光秃秃的荷叶茎，所以你又把威龙画的作品给放飞了。这正是我们学过的一首诗当中的一句。"其他同学瞬间明了，一个个小嘴张得大大的，都在佩服我的脑洞大开。

倒背书包

五月的阳光温暖地照着大地，浑身的毛孔都懒洋洋地张开，舒服极了。母亲节即将到来，每次母亲节前，我都布置同学们做一件家务，给妈妈洗一次脚、捶一次背，给妈妈一个拥抱等活动。可是，我发现，每次布置的任务孩子当天能够完成，但过了这一天，孩子们并没有长久地坚持下去，换句话说，只是为了完成任务而任务。

感恩是个经久不衰的话题，怎样让感恩烙印在每个孩子的内心深处呢？

今天我早早地来到教室，坐在讲台上，看着忙碌的同学们忙着收作业、打扫卫生，这时陆陆续续又有一些同学背着书包走进教室，我眼前一亮，有主意了。

第一节上课铃声响了，大家端正坐好。"同学们，现在每人把自己的书包放在桌子上。"话音刚落，全班哗然，互相扭头看着对方，这是怎么回事？每个同学的脸上都写着大大的问号。

靖凯第一个从书包柜把书包拿回来了，其他同学见我不说话，也一窝蜂地去拿自己的书包,不一会儿书包全部放在了桌面上。

我笑呵呵地说:"现在把书包都背在胸前。"

"老师,你没说错吗?真的是背在胸前?"每个同学拿书包的手放在书包上,没敢动,再次露出不解的神情。袁野眼睛瞪得溜圆。

"哈哈,没听错,大家照办即可。"我摆了摆手。于是大家站立起来,把书包倒背在胸前,还得意地左扭扭右扭扭。

"昀瞳,你怎么样?"我走到昀瞳身边。

"老师,我感觉有些别扭。"她的目光用有些躲闪,不好意思了。

"现在打开书包拉链,把桌箱里的所有的书本装进去。"同学们大吃一惊,一边把嘴张得大大的,一边又快速地把所有的书本装进了书包里。

"现在感觉怎么样?浩龙?"我问道。

"有点沉,书包都装满了。"浩龙双手拖着书包。

"现在同学们继续往书包里装字典、水杯、彩笔。"我的指令再次发出。

"装不进去了!"有同学叫道。

"没关系,如果装不进去,可以先放进其他同学的包里。"同学们立即又手忙脚乱地帮其他同学把书包装满。

不一会儿工夫,所有的书包都已经满满当当。

"能坐下吗?"钰涵小声问,看来有的同学已经坚持不住了。

"可以,但今天倒背书包不能放下哦。"同学们小心翼翼地扶着书包慢慢坐下。

不一会儿,有的同学坐不住了。"怎么了?珈萱?"我看见她的眉头紧锁着。

"老师,太难受了,坐直了不舒服,想把身子趴下来还趴不下来,书包挡着。"珈萱把身子往后仰,胳膊放在桌面上。

"同学们,现在才过去了15分钟,大家就觉得不舒服了,想一想你在妈妈的肚子里就像这书包一样,一天天长大,越来越大,越来越沉,但是妈妈还要这样带着你上班、做饭、做家务呢。"同学们静静地听着。

"今天我们的活动就是用一天的时间来体验'孕妈妈',接下来大家要保护好书包'宝宝'，不要让它受到伤害哦。现在各位'孕妈妈'弯腰捡拾地上的纸张送到垃圾桶里。"

同学们慢慢地挪动着身体，挤眉弄眼地向一侧慢慢俯下身，弯下腰，把地上的纸张艰难地捡拾干净，又慢腾腾地站起来，护着身前的书包，把垃圾送到垃圾桶里。

"大家弯腰把自己的鞋带解开，再系上。"大家又慢慢地站起来弯下腰，却因为书包遮挡的缘故，怎么也够不到鞋子，大家你瞧瞧我，我瞧瞧你，不知如何是好，不一会儿很多同学就放弃了。

"同学们，开始排队上洗手间。"只见大家小心地站起来，慢慢挪动脚步，向走廊走去，又继续排队，从四楼向一楼走去。刚开始同学们还能跟上队伍，好不容易到了一楼，开始向操场上的厕所走去，速度越来越慢，本来还有说有笑的同学，渐渐地都微抿着嘴角，脸绷得紧紧的。队伍越来越长，有的同学蹲不下去，只好倚在墙角休息。从厕所回来，再从一楼走到四楼，每个同学都气喘吁吁，走一步歇三步。5 分钟，10 分钟，20 分钟，本来上趟厕所，3 分钟左右就可以了，今天同学们用了 20 分钟才回到教室，同学们都瘫坐在座位上，一点也不想动了。

"美橦，此时什么感受？"瘦小的美瞳此时脸色有些苍白。

"老师，我腰疼，腿也痛，现在腿都在发抖呢。"美瞳的声音有些发颤。

"亚轩，你呢？"亚轩恨不得趴在桌子上。

"好累呀，老师。"他坐着一动不动，也不想说话。

"晨悦，你呢？"

"老师，我都累得嗓子里直冒烟。"晨悦摇着头。

看着瘫坐的每一个同学，我动情地说："同学们，非经过不知难，你们刚刚仅体验了一个小时，就累得现在这个模样。想想你们的妈妈，你在妈妈肚子里一待就是 10 个月，300 多天啊，才能把你迎接到这个美好的世界。这 300 多天里，妈妈要上班、打扫卫生、弯腰上下楼等等，妈妈付出了怎样的辛苦？你坐在教室里学习，你吃的、玩的、学的不都是妈妈辛辛苦苦上班换来的？可你又为妈妈做些什么呢？是不是觉得你所做的力所能及的活是给妈妈干的，你的学习也是给妈妈学的？"此时教室里鸦雀无声。"同学们，母亲节即将到来，想一想你会怎么做呢？以后的每一天你都会怎么做呢？老师希望不仅仅是今天，而是每一天，天天让妈妈过上母亲节。"

在接下来的几天，不少家长纷纷在 QQ 上或者是打电话告诉我，孩子上了五年级后瞬间懂事了，知道孝敬父母了。

平板大战

班里的潇娴前期有过抑郁、自杀倾向。网课期间除了和她妈妈多次沟通外，我也通过视频会议观察她在课堂的表现，时刻关注她的一举一动。

复课时已是五月份，中午需要午睡了，那中午让谁来负责午睡呢？这时潇娴走过来告诉我："老师，我中午不想午睡，可以看课外书吗？"她看着我，眼里有着小小的期待。

"可以，那你可以负责午睡的纪律吗？"

"好呀，老师！"她欣然接受，满脸笑容。

每天中午，无论我在不在教室，她都会很负责任地站好每一天的岗，午睡纪律好极了，静悄悄的，唯能听见全班的鼾睡声。

这天中午轮到我值日，我在躺椅上迷迷糊糊睡了一觉，隐约中听见教室里有窸窸窣窣的声音，我还以为自己在做梦呢。过了一会儿，声音还没有消失，我才意识到自己不是在做梦。这是谁在教室里干什么呢？我猛地坐起来，把头往教室里一伸，发现教室里有一个男生，叫梓豪（他爸爸给我打过电话，说这个孩子中午从不睡午觉，特地向我请个假，让他在教室里看课外书）。见他不在自己的座位上，跑到潇娴的旁边去了。

潇娴在自己的座位上坐着，低着头，梓豪弓着腰，两个人不知道在嘀嘀咕咕地干什么。也许是我突然起来压得躺椅发出了"吱吱"的声音，他们两个如惊弓之鸟，一个伸头看，一个转头看。发现我坐起来了，梓豪尴尬地伸了伸舌头，猫着腰又回到了座位上了。

"梓豪你干什么去了？"我有些生气。

"我……我……老师，我的笔掉地上，滚到后面去了，我去把它拾起来。"梓豪低着头红着脸，吞吞吐吐地说。

"哦？拾起来了吗？"此时，我已起身。

"嗯，拾起来了，老师。"梓豪继续低着头。

"好，现在开始你把笔掉地上。"梓豪不明所以地看了我一眼，又看一眼，确定我不是在开玩笑，就把笔扔地上了。

"你看看笔在哪儿？"这时他恍然大悟，抬头看了我一眼，欲言又止，又低下了头。

我走到他跟前，平静地看着他。"说吧，上后面干什么去了？"我的语气温和了下来。

"老师，潇娴拿的平板，我……我……好奇，所以上后面去看看。"蚊子似的声音响起。

"刚开始为什么不说？"我分贝提高。

"我怕您把她的平板收上去。"梓豪两只手不安地互相扯着。

这小子还挺讲义气，不想出卖同学。

我又走到潇娴旁边，把手伸了过去："学校三令五申，不能拿手机、电话手表上学，你倒是把平板给整来了。"

潇娴的手紧紧地把住了平板："老师，今天早晨背错书包了，我不是故意把平板带到学校来的。"

"既然拿错了，早晨来的时候为什么不告诉老师，由老师保管？"我声疾厉色道。

"拿来！"

她恋恋不舍地把平板给了我。

中午睡觉起来，她走到讲台："老师，我错了，您把平板给我吧。"我抬头睨了她一眼，继续低下头批作业。见我不搭理她，她又走出了教室。

等到放学时，她再一次走到我跟前："老师求求您把平板给我吧。"我与她对视了一眼，又走了。

第二天早晨我在班上遇见她,只见她十分有个性,看见我竟然头不抬、眼不睁地走过去了,无视我,我继续晾着她。

就这样,我们俩的拉锯战足足坚持了两天。她终于发现,咦?毕老师软硬不吃哦。于是在一节课下课后,她再次走到我面前:"老师我以后再也不敢了,平板您给我吧。"

我强忍住笑,一脸平静地望着她:"从网课开始到现在,你进步非常大,老师对你可是充满了信心与期待。这样,这次考试你只要能得 B,以前都是 F,我就把平板给你怎么样?"

"老师,还有一个月就考试了,我不行的。"潇娴继续和我讨价还价。

"老师说你行,你肯定就行,你不相信老师的眼光吗?"

"我……我……"她急得满脸通红。

"好了,就这么决定了,加油。"我拍拍她的肩膀。从那以后,她上课、写作业果然有进步了,看来为了拿回平板,她也是拼了。

功夫不负有心人,她期末考试得了个 B,目标达成。

交朋友

每次走进教室,我总会发现有好朋友的同学凑到一块儿,互相去对方座位旁边说着悄悄话,不时传来开心的笑声。而没有好朋友的同学总是自己坐在座位上,要么静静地看书,要么静静地画着画。

每个人都离不开朋友,朋友之间的感情是最纯洁、最高尚、最朴素、最平凡的,如果一个人没有朋友,那么他的生活将会缺少一缕温馨的阳光。

下课了,我走进教室,悄然走到钰涵旁边。钰涵正在玩儿着她的手指甲,猛一抬头,看见了我,伸了伸粉色的小舌头,开始收拾上节课的学习用品。

"怎么没找朋友玩儿?"我笑着随意一问。

她像只受惊的小兔子一样,摇了摇头并不作声。我笑了笑。

上完第二节课课间操时,我带领同学们来到操场上,让大家围了个大圈。"同学们,今天课间操我们来做个小游戏,游戏的名字叫《马兰花开》。"

"啊?老师怎么玩儿呀?"雨轩大声问。

"当老师说马兰花开,你们就大声问开几朵,我随机说一个数字,那么相应数字的同学就聚到一块儿或者拥抱在一块儿,听明白了吗?"

我就看见朝杰朝威龙那边勾了勾手指,芮麟则歪着头,看向某处。哟,有暗号。

"准备好了吗?"

"准备好了!"声音异常响亮。

"马兰花开!"

"开几朵?"

"开两朵!"我简短有力。

朝杰和威龙不怕"跋山涉水",争着抢着跑向对方。当拥抱在一起的那一刹那,他们笑得是那么甜,那么开心。瞬间各人都找到了各自的搭档,全班45人,唯有一航同学手足无措地站在那里。

我上前拍了拍他的肩。"没关系,我们只是在做游戏,下次跑快些。"

"继续。马兰花开。"

"开几朵?"

"开五朵!"

操场上更加喧闹了,同学们尖叫着。有的同学跟朋友正好五个人,稍有其他同学想加进来,马上就被拒之门外。有的同学则赶紧从旁边最近的地方拉近了几个人正好凑够五人。先凑够五人的同学立刻大声欢呼。

"继续……"

"同学们,信不信我现在知道咱们班同学的朋友都有谁?"我故作神秘状。

"老师,你吹牛!"靖凯大呼小叫起来。

"靖凯你在咱们班的好朋友有袁野、浩龙。"

"欸?老师你神了!"靖凯朝我竖起了大拇指。

"你们为什么能成为朋友?"靖凯挠着头。"我们都喜欢运动,喜欢玩儿。"

靖凯一副嗫瑟的模样。

"芮麟，你的好朋友有馨雨、岚清、欣蕊对不对？"芮麟笑着点点头。

"芮麟，你们为什么能成为好朋友？"

"我们都喜欢读书，而且我们家隔得很近，在一个小区。"芮麟神采飞扬地列举着。

"珈萱……"

我又接连着说了其他的同学的好朋友，全班同学都十分佩服我。

"大家看，拥有相同的爱好、地理位置近，都可以让彼此成为朋友，其实交朋友也是有方法可循的。接下来我们再进行一个游戏，生日大排队。大家知道自己的生日吗？"

"知——道——"大家扯着嗓子喊。

"老师，您是说的阳历还是阴历生日呢？"

"就用身份证上的生日吧。"我确定道。

"一涵你的生日是多少？"我走到一涵的身边。

"2011 年 1 月 11 日。"

"请你走到这个位置。其他同学则迅速行动起来，按照生日由大到小的顺序排好队，找到你所站的位置，听明白了吗？"

"听明白了！"同学们的声音听起来信心百倍。

"开始！"同学们立刻行动起来

最先找到位置的是一航，他的生日是 1 月 10 日。

"看一航同学已经找到位置了，其他同学要加油哦！"我大声喊道！这时其他同学更着急了，像是无头苍蝇似的，你问问，我问问，霎时间操场上一阵阵言语。

五分钟过去了，生日队伍有了苗头，已经有好多同学陆陆续续站好了位置，十分钟过去了，生日队伍已经排成了一条长龙了。还剩下三位同学，这三个同学从队伍前走到队伍后，又从左边走到右边，始终不知道站在哪里，急得脸红通通的。他们三个就是在班里平时寡言寡语的同学。

"大家先暂停一下，谁能说说你们是怎么快速找到自己的位置的。"

"我问了好几个同学才确定下来。"则荣说着方法。

"你是怎么问的？"我来到则荣的身边，"来，示范一下吧。"

只见则荣走到旁边同学的身边。"你的生日是多少？"又走到另一个同学的身边。"你的生日是多少？"说完则荣同学看向了我。

"谁和则荣同学这样是主动去问别的同学，请举手！"话音刚落，一片小手林立。

于是我又看向了那三位没找到位置的同学："来，你们试试这个方法吧。"在众目睽睽下，这三个同学拘谨地走到一位同学处，小声地询问，不一会儿都找到了自己的位置。看着由 45 个同学组成的长龙，我笑眯眯地问："通过这个游戏，你从交朋友这件事中收获了什么？"

"老师，我觉得交朋友得主动，如果你自己等在那里，是找不到朋友的！"

"是呀，同学们，其实交朋友和刚才做游戏一样，主动权完全在于我们自己，如果我们敞开心扉，积极主动地伸出友谊之手，放开自我，那么我们就会获得朋友，赢得友谊。"

离家出走

星期日早上，我还在睡梦中，一阵手机铃响惊扰了我的好梦。"喂，你好。"

"老师，我是浩宇奶奶。浩宇昨天晚上不见了，我和亲朋好友找了一宿，到今天早晨也没找到。我刚刚报警了，我特意告诉您一声。"电话那端传来浩宇奶奶焦急的声音，我本来还恍恍惚惚的，瞬间惊醒，一身冷汗。

"老师，我先不和您说了，我要赶紧去找孩子。"浩宇奶奶匆匆挂了电话。

我赶紧手忙脚乱穿了衣服，准备驱车去找找孩子。

浩宇，一个帅气的小男生，单眼皮儿，平时不苟言笑，沉默不语，爸爸妈妈在他小时候就离异了，他跟着爸爸和奶奶，平时爸爸在外地打工，一年偶尔回来一两次，主要是和奶奶相依为命。

　　我曾记得上次家访,浩宇奶奶就和我说起过浩宇在家各方面表现得都不错,就是太沉迷于手机了。有时候浩宇整宿地玩手机,奶奶说过多次也不听。还记得我当时告诉浩宇奶奶,浩宇上课注意力集中,从不打瞌睡,完全看不出晚上通宵玩游戏。事后我和浩宇聊了聊,浩宇奶奶也再没找过我,我还以为有所改善呢,难道这次又是因为手机惹的祸?

　　我刚把车开到半路上,手机又响了,浩宇奶奶喜极而泣,哽咽地告诉我:"老师找到了!找到了!"我悬着的心终于放下了。

　　"在哪儿找到的?"我口气有些轻松。

　　"警察在我们村的一个桥洞子里找到的,他昨天晚上就睡在那儿。"浩宇奶奶有些无奈。幸亏现在是夏天,不冷,可是即使不冷,外面的蚊虫叮咬也让人不舒服呀。

　　"昨天又发生什么事了吗?"我小心地问道。

　　"唉,老师,他昨天下午在村里的小体育广场和小伙伴儿们玩得可开心了,傍晚回家之后又拿起手机在打游戏,我叫他吃饭他也不过来吃,我就说了他几句,结果他就把手机摔了,甩门而去了。"浩宇奶奶颇为生气。

　　第二天周一早晨,一到校。我就把浩龙叫到了教室外面。"昨天怎么回事呀?浩宇你都不知道,老师担心死了。"我拍着他的肩膀说。浩然眼睛眯成一条缝,腼腆地笑了笑。

　　"为什么在外面睡呀?虽然天气挺暖和的,但是在外面睡还是不安全,对身体也不好。"我关切地看着他。

　　他欲言又止,等一会儿,又接着说:"老师,我奶奶太能唠叨了,我也没想在外面睡,就是太瞌睡了,没想到一下子睡过去了,一下子又睡到大天亮。"

　　"是不是前一天玩手机太晚了,没控制住。"浩宇犹豫地点了点头。

　　"你都不知道奶奶有多担心你,电话打给我的时候都着急地哭了,我从未见过一个70多岁的老人哭得这样伤心,这样无助。我知道你现在健康长大,多亏了奶奶每天的辛劳,我相信你对奶奶的感情很深,你舍得奶奶这样难过吗?"我语重心长,浩宇渐渐红了眼眶,还是个孝顺的孩子。

　　最后一节班会课,我对同学们进行现场小调查:"哪位同学有过离家出走？"同学们私下转头看，只有浩宇头低低的。

"那谁有离家出走的想法呢？"我继续问。

竟有十多个同学举手，肯定还有些同学在"潜水"呢。

"为什么有这种想法呢？"

"妈妈太唠叨了。"佳彤发起了牢骚。

"有一次，爸爸因为我没考好打我了……"

"天天同样的话题反复地说……"这十多位同学纷纷说出了自己的想法。

"同学们，老师小时候还有一次离家出走呢。"同学们都感到不可思议。"老师给我们讲讲那一次的事儿吧。"

"这可不是光荣的事情呀，是我的黑历史。"同学们"扑哧"一下子笑出声来。

"那是小学二年级，周末的一天上午，小伙伴领着我们到他家地里去找玉米秆当甘蔗吃。当时穷呀，买不起甘蔗，我们弄了一根又一根，吃得欢呢。结果傍晚，小伙伴的妈妈就到我家来找我妈妈，说是我带头去把他们家的玉米给糟蹋了。闻言，我妈妈不顾青红皂白地在我屁股上狠狠打了几巴掌。小伙伴儿妈妈走了之后我生气极了，妈妈没有问清楚缘由就打，我一气之下就跑了。因为当时小，天气又黑，我也没敢跑出去，就悄悄地藏在家里的平房台阶下。在那个角落里，在那伤心地抹眼泪呢。"

"老师，后来呢？"同学们有些迫不及待。

"后来，我听见妈妈叫我吃饭，我也不出去，然后妈妈出去找我了，当时我肚子饿了，又悄悄地出去了。结果爸爸说妈妈看我不见了，可担心了。爸爸让我自己先吃。当时我们又没有手机，爸爸又出去找妈妈，两个多小时才回来。妈妈告诉我以后有什么事可以告诉妈妈，嗯，我之后也后悔了，知道妈妈是爱我的，我不该有这样的行为，让妈妈担心。年少不懂事呀！以后我再也没有离家出走过，也再没有让妈妈担心过。"同学们都眨巴着眼睛，静静地听着，我悄悄瞥了一眼浩宇，他的头不知何时抬起，和我对视了，我们都会心地笑了。

想法很重要

今天我在批阅孩子们的作文,突然有这样一篇文章映入眼帘。写得满满当当,奕涵声泪俱下地写出了妈妈生下二胎弟弟后对弟弟如何宠爱,如何偏心。看着孩子这样真情流露,我不禁心疼起来,怪不得平时文静的她,眉头上总是带着些许忧伤,原来问题出在这。

中午孩子们在吃饭,我就赶紧给奕涵妈妈打去了电话。

"喂,老师有事吗?"电话那端传来轻轻的低沉的声音。

"您现在方便吗?我想简单和您聊聊。"

"哦,可以,二宝刚睡着,我上另一个房间去。"

"老师,你说吧。""这样,我想先把咱闺女的作文读给你听听吧。"

"好的,好的。"

"我的妈妈,自从我的妈妈生下弟弟后……"五分钟的时间,我读完作文,电话那端一阵静默。

奕涵妈妈的声音有些哽咽。"老师,今天您不读奕涵的作文,我一点儿都不知道我下意识的做法竟然给孩子带来这么大的伤害。作文上的事有很多我都已经不记得了,可是孩子却记得这么清清楚楚,连我说的话都写得一字不漏。老师,我以后一定会注意的。"

面对同一件事,不同的人站在不同的角度,自然会有不同的认识,并会产生不同的情绪。不光孩子,连成年人都经常会想法不合理而产生不良情绪,那我如何来引导孩子们?

晚上回家,我来到车库,从车库里面挑了两个大苹果,都是又大又红,但两面都有个黑通通的伤疤。

第二天早上,我拿着装着这两个苹果的袋子走进教室。同学们都在忙碌着,有的扫地,有的收拾书包,有的在交作业。

勃雅一边扫着地,一边盯着我的黑袋子。"老师,你这是拿的什么呀?"

"保密!"

上课铃声响了,同学们都已经坐好了,我从袋子里拿出一个苹果,把有黑疤的那面面向同学们。同学们立即对着苹果指指点点,一副嫌弃的样子。接着我又拿出第二个苹果,把有黑疤的那面朝向我,这时同学们喜笑颜开,说这个苹果好,又大又甜,肯定好吃。

"同学们,这里有两个苹果,如果让你选择,你会选择哪一个?"我用手指着讲台上的两个苹果。

"南边的这个苹果。"同学们一起用手指指向了我右手边这个从他们的角度看没有黑疤的苹果。

"为什么?子轩?"

"嘿嘿,还用说吗?老师南边的没坏,北边的坏了呗。"子轩一改平时的端庄状,偶尔调皮道。

"那你上我的位置来看一下,但不允许说一个字。"我招手让他走上讲台。他站在两个苹果后面的时候,顿时目瞪口呆,眼睛瞪得大大的,一副不愿相信的神情。同学们一看他的表情,急忙问他怎么了,他就那样一声不吭地,呆呆地立在那。

"现在请大家看!"我像变戏法似的,把两个苹果的正反面调换了个方向,大家瞬间呆若木鸡。

"同学们,看!同样的两个苹果,因为你们看的角度不同,得到的结论也截然不同。心理学家认为,人的情绪不是由于某一事件直接引起,而是由经历这件事的人对它的认识和看法引起的。同学们想想自己生活中遇到的不愉快的事情,想想自己是如何看待自己或他人的,试着改变自己的想法,也许你会有不一样的感受。"

"以前每次排队时,靖凯排在我后面,他不时地动手这拍一下,那打一下,我心里很不舒服,很生气,总觉得是他在欺负我。今天因为苹果这个实验,我觉得也许是我想得不对。"锦鸿直接站起来说。

"来,靖凯说说,你为什么老喜欢对鸿锦动手动脚?"被点名的靖凯不好意思地搔搔头。"对不起,锦鸿,我不是欺负你,我就是想和你玩儿。"

鸿锦立刻站起来。"我误会了你,现在我不生气了,既然你想和我玩,我不喜欢你动手动脚,那我们可以玩儿别的。"鸿锦一再表明他的态度。

"同学们，生活中我们经常会因为想法不合理而产生不同的情绪，老师这里有个难题，需要大家帮帮我。我有个妹妹家里生了三胎，老大今年上三年级，老二上一年级，老三上幼儿园小班。老大的作业本被妹妹们用画笔给画了。可是妈妈却批评老大，说是老大没把写完的作业放到书包里。明明是妹妹的错，妈妈反而批评她，所以呢老大就特别伤心，有一次打电话给我，哭得很伤心了，告诉我：'姨，我妈妈不爱我，就喜欢我的两个妹妹。'谁能帮我的大外甥支个招吗？"

话音刚落，梓裕就举起手来。"老师，你可以告诉她，妈妈不是不爱她，妈妈上一天班也累，下班回来还需要做家务，照顾三个宝宝。我觉得是妈妈认为她是姐姐，把她看当成大人来看了。"我点点头。

"我觉得可以和妈妈沟通一下，就知道妈妈是怎么想的了。"我把目光投向了奕涵，她抿着嘴，若有所思的样子。

"同学们遇到问题时，换个角度，往往会得到不同的答案，换个角度，往往能体会到不同的道理，让我们现在就行动起来。"

大家都眼睛亮晶晶地看着我。

"冷水"治疗法

逸昊长着兔子似的两个可爱、突出的大门牙，喜欢安静地坐在座位上看书。爱看书的他积累了许多同学们不了解的知识。上课发言时，尤其是讲到草船借箭等《三国演义》《水浒传》中的事件时，他总是侃侃而谈，说得别的同学一愣一愣的，目光里全是对他的崇拜之情，他是我班的"小诸葛"。

然而随着了解的逐步加深，我渐渐发现了他的很多缺点：自认为聪明过人，看不起其他同学，特别歧视部分学习成绩不太好的学生；作业不认真，特别不屑于写日记，总是乱写几个字充数。说起来，他不在乎地说："我写字就这样，再说了，对就行了呗！"上课时他为了引起大家的注意，要么不认真听讲，交头接耳,影响其他同学听课,要么随意打断我,发表自己的独特见解。更可气的是,五一小长假,学校集体布置了两篇日记。逸昊竟写成这样——

日记一:小鸡

我爷爷花了一元钱给我买了一只小鸡,它的毛黄黄的,像一只小绒球。我可喜欢它了。

我给它做了一个家,又给它喂了点食。小鸡像三天没吃饭一样,飞快地跑过去吃。

小鸡每天吃饱了就睡,睡饱了就吃。

我很喜欢这只小鸡。

写得真不错!这可比他之前写的二三十字的流水账好多了。我赶紧在他的日记下方大大地夸奖他一番。满怀喜悦地接着往下看——

日记二:两只小鸡

那只小鸡渴死了,爷爷又花了两元钱给我买了两只小鸡。它们的毛也是黄黄的,像一只小绒球。我也很喜欢它们。

我给它们做了一个大家,又给它们喂了点食。这两只小鸡也像三天没吃饭一样,飞快地跑过去吃。

这两只小鸡每天也是吃饱了就睡,睡饱了就吃。

我也很喜欢这两只小鸡。

我简直哭笑不得。这个逸昊,越来越不像话了,一个五年级的学生竟敷衍了事!看来我真得采取点措施了。思考再三,针对他自恃聪明、经常飘飘然的特点,我决定对他进行"冷水"治疗法。

课上,我开始故意忽视他高高举起的手。即使这个问题只有他想回答,我也不轻易给他机会。这下把他急坏了。的确,失去了上课发言的机会,他几乎就没有机会得到表扬了。

这天，我给每个学生找优点，课上大肆表扬他曾嘲笑过的"差生"如何进步、谁谁作业认真仔细、谁谁品德优秀等等。全班 45 个人我表扬了 44 个，只有逸昊没有听到他的名字。

课后，憋了一肚子火的逸昊马上跑过来问我："老师，我就没有优点吗？"

"有吗？"我故作思考状，"你作业不认真，写的字都长'毛'，上课不遵守纪律、喜欢笑话同学……哎呀，一时之间我还真找不到你的优点。"

逸昊显然受到了打击，愣了一下，但是，马上又恢复了那副不在乎的神情，笑嘻嘻地说："反正我比靖凯他们强。"

"哦？是吗？"我马上拿来了靖凯的作业，娟秀的字迹让逸昊大吃一惊。"你真比他强？等你的字不长'毛'了，再说吧。"

几天的"冷水"泼下来，逸昊的傲气彻底没有了。当他在我的"恶意"引导下发现自己好像根本就没有值得炫耀的地方，周围的同学都优秀得不得了的时候，他逐渐安静下来。

安静的逸昊失去了以前的傲慢，多了仔细、认真、虚心。当他不再在课堂上随意打断我的话，肆意发表自己的见解的时候，我告诉他这是他学会了尊重别人；当他不再用鄙夷的眼神看待他认为的差生时，我表扬他懂得了谦逊；当他认真地完成作业时，我恭喜他养成了一个终身受用的好习惯……经历了"冷水"的洗礼，逸昊真的长大了。

我的能量桶

一天晚上，手机响了，接通电话，原来是昀瞳妈妈打来的电话。"老师，昀瞳最近表现怎么样？"我脑海中马上浮现出昀瞳在校的各种表现。

"昀瞳还是表现不错，书写特别漂亮，就是比较内向，上课不善于发言，除非我指名点她回答问题，否则她从来不会主动举手。"

"老师，她多次在我面前发牢骚抱怨，说她长得皮肤又不白，也不漂亮，腿大腰粗,在形象这方面她自己感觉挺自卑的……"昀瞳妈妈又和我交流了很多。

放下电话,我不由得沉思起来。随着自我意识的提高,孩子们开始关注自己的外在形象了,如果自我评价过低,就会影响孩子的情绪和人际关系。从这次电话以后,我每天都会多多关注昀瞳,下课的时候把她叫到眼前,拉着手和她说:"昀瞳,看看你这双手长得多灵巧呀,咱们班的字你写得最漂亮。这是怎么写的呀?"说着我还端详起了她的小手,生怕她不相信我说的。

昀瞳美滋滋地低着头,露出雪白的牙齿,微微一笑。

上课的时候,我看见昀瞳坐姿端正,亮晶晶的大眼睛看着我。"同学们,我发现昀瞳的这双大眼睛可真漂亮,尤其有精神头。每次上课,那双大眼睛就望着老师,老师一看就知道她听得多专注。老师啊,特喜欢她的那双大眼睛。"说完,昀瞳又有些羞涩地低下了头。

渐渐地,昀瞳脸上笑容多了,和别人说话时眼神儿也不再躲闪了。45个同学其实不光昀瞳身上有短板,其他每个人身上都有短板:有的同学偏科,有的同学不善于唱歌,有的同学不擅长画画。

那怎样引导学生准确地认识、接纳自己的短板,并敢于面对自己的短板呢?

今天周一最后一节课是班会课,我把裁剪好的若干长短不一的纸条拿到了教室。同学们的眼睛亮亮的,看见我手里的一堆纸条。"老师,你拿这么多废纸干什么?"我让同学们每人领取长短不一的纸条各10张。"同学们,现在我们每人拿出自己最长的纸条,在纸条上写出自己的优点。"

"这还不简单?"静凯边说边拿起笔写起来。

"老师,只有5张长纸条,是不是我们就只能写出5个优点呢?"小涵举起手问。

"你有多少优点可以全部写在这些长纸条上。"即刻,教室里一点声音都没有,只有俏皮的风儿轻轻地拂着窗帘。不一会儿同学们就完成了,看来大家还是挺了解自己的。

"现在每个人拿出短纸条来,在上面写出自己的不足。"我拿出一张短纸条说道。

这时每个人开始四下张望,迟迟不肯动笔。写自己的优点很容易下笔,写自己的不足之处,难道就这么不好意思吗?

"班长梓裕、军体委员梓涵同学都已经写出了好几条不足了。"我一边巡视一边表扬道。

其他同学一听,立刻拿起笔开始写了。

"现在写完的同学每人上来领取一个圆形纸片和一个胶棒。"不一会儿,圆形的纸片和胶棒全部领完。

"老师,我们还需要干什么?"浩楠拿着桌上的这些纸片,眼里全是疑惑。

我笑了笑。"现在把这些纸片制成一个小桶,底部用圆形纸片贴上哦。"同学们这才茅塞顿开,立刻就开始捣鼓起来。有的同学把桶的底部放好,然后开始往底部上粘长条;有的同学先把各个长条分别粘好,最后再粘底部;还有的同学甚至还在桶壁外围又加了一圈"紧箍咒"进行加固。

20分钟过去了,属于每个人的小桶全部完成,同学们都互相欣赏着各自的小桶。

"同学们,看着自己的小桶和别的同学的小桶,你发现了什么?"

"老师,我们每个人都有长处和不足。"文宇站起来。

"对,人无完人,人人都有不足,不足之处我们也可以称他为短板。"我肯定道。

"老师,我发现我们每个人的小桶是不一样的。"彦妮双手托着自己的小桶。

"来,大家可以把小桶都举起来,互相对比一下。"大家都拖起小桶互相观摩着。

"子涵,你想和别人换一下小桶吗?"

子涵迟疑了一会儿,摇了摇头:"老师,我还是挺喜欢现在的自己的,虽然有不足之处,但是我可以慢慢地改进。"

"欣雨,你呢?"

"老师,我也不换,我也觉得自己挺好的。"欣雨连忙抱住了自己的小桶。

"呃,昀瞳,你呢?"昀瞳笑着摇摇头。

"同学们,尽管我们都有擅长和不擅长的,但每个人都是独一无二的,谁都无法替代。如果往桶里装水,你觉得装水量是与最长的纸条有关,还是与最短的纸条有关?"

"当然是最短的了,要不然水就流出来了。"同学们齐声说道。

"看!这就是著名的木桶效应。那如何能让木桶盛更多的水呢?"这个问题引得大家一阵深思。

梓裕缓缓地举起了手:"老师我认为得加长短板。"

"是呀,别人能做的,其实我们也能做,只是自己的这一优势还没有露出来,这就是潜力。咱们同学正视自己的不足,接纳自己的不足。经过努力,你的短板也可以生长为长板的。"同学们都一致地点了点头。

时间哪去了

"报告老师,今天语文作业还少一组雨辰同学,数学作业少二组子豪同学,其他同学都上交了,报告完毕。"学习委员芮麟同学汇报道。

"毕老师,我家那个熊孩子每天晚上一回家先玩儿。我一让她写作业,她就说饿了,等会儿吃饱再说。等吃完了再让她写作业,她还要再等会儿抠抠手指甲,摆弄布娃娃,真能拖!我都让她给拖得快管不住脾气了。"佳彤妈妈发着牢骚。

"老师,你明天和浩宇说说周末作业先写完再玩,浩宇周一到周五的作业一点儿也不用操心,但是每次周末的作业非要等到周日晚上才开始写。"浩宇奶奶心急如焚。

最近出现了一桩桩孩子们因时间管理不当而写作业拖拖拉拉的事件。想想在学校里,我们经常看到一些同学上课迟到、听讲不认真、做事磨磨蹭蹭等不珍惜时间的现象,更何况在家里呢?那些自制力比较弱的学生又如何能够合理地安排时间呢？

进入五年级之后，学生的自我意识逐渐增强，自主愿望逐渐增加，什么事都想自己说了算，自己有权安排自己的事情。如果旁边家长不断地唠叨，有的孩子就出现了叛逆心理。这是一个充满竞争的时代，时间也成为竞争的焦点。一个人如果没有时间观念，计划再好，目标再高，能力再强也是空的。那个周的班会课上，我设计了一些活动，引领孩子们学习时间管理。

晚上我在群里发了通知：各小组每人分别准备大米、豆子、红枣、小玩具、沙子、5个乒乓球。而我则给每组准备了一个大口瓶子，一共7个组，同时还准备了一桶水。

班会时间到了，同学们看着我拿出的7个大口瓶子，一桶水，教室里立刻乱成一锅粥了。"老师，你拿这些东西干什么？"全班议论纷纷，我笑而不答。

"来，同学们把你们各组准备的东西都拿出来放在桌面上。"同学们一边惊诧，一边按照我的指令把各种材料摆在了桌面上。

"下面我来给大家解惑，"说着，我拿起一个大口瓶子，"接下来我们各小组比赛，在一分钟时间内把各组准备的材料都装入瓶子中，现在各小组长。上讲台来领取一个大口瓶子和一杯水。"各小组长陆续把杯子和水领回，放到了桌面上。

"老师，我们准备的这些东西还要再加上一杯水都要装进去吗？"靖凯瞪着大眼睛显然有些不相信。

"是的，而且就一分钟的时间，要注意的是装入瓶中的材料不允许再倒出来哦。"闻言，有的同学皱着眉头盯着桌子上的材料看，有同学则夸张地张大嘴。

"各小组准备好了吗？预备开始！"有的小组手边有什么就往里面放什么，就担心时间来不及；有的小组看着别的小组已经动手了，心急地赶紧催促着本小组的同学快些；还有的小组则静止不动，互相说着可行的方法……

时间一点点过去了，每个小组都在紧张、有序地实验着。时间到了有的小组得意地端正坐好，有的小组长吁短叹地感叹没完成任务，还有的小组则在互相指责，都怪谁先往里面倒沙子了。

"把瓶子都放到桌面上来。"

"大家观察一下瓶子,你认为瓶子没装满的原因是什么?"大家都认真地看着桌子上的 7 个瓶子,认真地思索着。

"老师,没完成任务的瓶子是因为不是先装的乒乓球,所以乒乓球剩余了。"致成马上举手。

"那你组先装的是什么?"我看着他。

"我们就是装的是乒乓球,因为瓶子就这么高,我们担心装完其他的材料,乒乓球就装不进去了。"致成面带笑容,露出胜利的喜悦。

"看吧,做事之前我们一定得做个明确的计划,会让我们事半功倍。"

"老师,听完致成说的,我觉得这个实验要按一定的顺序才能成功。"鸿锦说道。

"如果瓶子就是我们的时间,乒乓球、花生、小米、豆子、玩具就是我们平常要做的事情,那这个小实验给你带来什么样的启示呢?"我进一步启发。

"老师,我们要先做重要的事情,比如说先放乒乓球,然后再做那些不太重要的事情,比如我们最后放的沙和水。"致成又站起来。

"说得对,做事情的时候,我们要按照主次进行排序,还可以见缝插针,充分利用好零碎的时间插空做一些小事,这就是我们说的统筹时间。"同学们若有所思地点点头。

"想想,我们周末在家里怎么统筹安排自己的时间呢?"

"老师,我是先写作业,写完作业再玩儿。"欣蕊回答。

"对,先完成重要的事,不重要的事放在后面。"我给予肯定。

"我先去上我的特长班——跆拳道,再回来写作业。"最后浩宇说。

"看这位同学能够先完成紧急重要的事情,再完成重要的事情。我们可以根据自己的时间灵活安排,老师希望每个同学都能够成为时间管理的高手,掌控时间的舞步,科学地规划时间,智慧地管理时间。"

顿时,教室里响起了热烈的掌声。

信任之旅

时光荏苒,不知不觉中,孩子们就要与美好而快乐的小学生活说再见了。这是孩子们在小学最后一个六一儿童节了,我是不是要给孩子们准备一份特殊的礼物呢?准备什么呢?

我的眼前不禁浮现出平时孩子们在一起交流时的情景。

"每天早晨我妈妈不停地唠叨:'快点儿起床,把饭吃饱,上课好好听讲……'我都烦死了。"姝祎向小伙伴们吐槽道。

"哎呀,你们都不知道,我妈妈晚上不停地进出我的房间,一会儿走进来,让我快点儿写作业,一会儿又走出去,一会儿又走进来,问我有没有不会的,啊!我都真无语了。"馨语无奈地摇摇头。

晨悦更是夸张,模仿着妈妈的语气和动作。"我每次放学一回家伸手拿东西时,妈妈就不停地唠叨着:'你洗手了吗?快点儿洗去。'"

"哎哟,你们都不知道,每次我刚拿起手机,我妈妈就大惊失色,脸色就变了:'又拿手机,不是说了吗?不能拿手机吗?'"彦妮更是哭丧着一张脸。

四个小伙伴下课的时候,不知道因为什么话题扯到了妈妈的唠叨上。在互相宣泄的时候,不知不觉周围又聚集了许多同学,他们时而点头,时而附和,时而略有同感地彼此握了握手,有的更是拥抱在了一起。现在孩子对父母的唠叨如此厌烦,那到了初中青春期可怎么办呢?于是我决定为即将面临毕业的孩子们和家长们准备一个亲子游戏——亲子盲行信任之旅。

儿童节前一天上午,我在班级群里发了信息,希望家长下午两点前准时到班级参加活动,而我和部分孩子在操场上紧锣密鼓地准备着活动道具。我们搬来了诸多凳子、体育器材室的标识道具,在操场上设置了各种的通行障碍。

家长们都在规定时间来到操场上,看着操场上的障碍物,露出不解的神情。这时我领着孩子们也来到了操场。

"家长朋友们,你们看看自己的孩子站在哪儿?你也站在那个位置,找到位置之后,咱们家长也像同学们这样一路纵队站好。"我手拿着小扩音器喊道。

同学们见到自己的家长来了都显得特别兴奋,一个个小手都举得高高的,示意家长走过去,不一会儿就站好了两路纵队。

"各位家长朋友们,今天请大家到校,是想着在孩子小学时期的最后一个六一儿童节,咱们能和孩子来一个亲子游戏。现在说一下游戏规则:孩子和妈妈或者爸爸两人一组,一人扮演'盲人',被蒙住眼睛,在原地转五圈,暂时失去方向感,一人扮演'向导',然后'盲人'在'向导'的搀扶下沿着指定的路线行走。'向导'在行走的过程中不能讲话,只能用非语言的方式引导'盲人'走完全程,让'盲人'自己体验各种感觉。从南边出发,走到北边的时候再互换身份,家长和孩子轮流体验'盲人'和'向导'。有疑问的同学或家长可以提问。"

孩子们和妈妈立刻开心地欢呼起来,拥抱起来,手挽着手。

接着我让孩子们"1、2"进行报数。喊"1"的同学和家长排成两排为一组,喊"2"的同学和家长排成两排为二组,各小组又分发了一个黑色眼罩。

"各就位——预备——开始!"各位选手首先原地转了五圈之后,只见率先上场的是雨辰和妈妈,雨辰妈妈先扮演"盲人",雨辰扮演"向导",雨辰小心翼翼地扶着妈妈往前走。妈妈的手在半空中摸索着,走到障碍物的时候,雨辰很是着急,急得脸通红通红的,额头上冒出了一层薄薄的汗珠。妈妈还是走不出障碍,旁边的我都替雨辰捏了一把汗。

这时雨辰灵机一动,走到妈妈前面,把妈妈的手放到他的肩膀上,俩人由横排走,变成了"车头式"的竖排走,他竟然真的引导着妈妈走过了第一个障碍物。紧接着第二个、第三个,一直到第七个障碍物,从而达到终点,这次两人又互换了身份。

另一组是馨雨和妈妈一组,她们正好和雨辰相反,是馨雨先扮演"盲人",而妈妈扮演"向导"。馨雨的两只手紧紧握着妈妈的手,妈妈成了名副其实的"拐杖",一路护卫着孩子慢慢前行。走到障碍物的时候,馨雨妈妈抽出右手,在馨雨的左肩轻轻地点了一下,孩子就义无反顾地由妈妈领着向左边走去了。当遇到右边有障碍物时,妈妈又在馨雨的右肩轻轻点了一下,馨雨又随着妈妈向右走去。原来她们娘俩已经提前沟通,想出了解决问题的妙招了。

两队后面接力的家长和同学从这两组同学身上获得了启发,都开始纷纷效仿。接下来的体验中,有的"向导"不停地变换位置,引着"盲人"顺利通过障碍物;有的则用手做暗号巧妙走过。时间很快就过去了,完成活动任务的家长和同学们都欢呼着跳起来,拥抱着庆祝胜利。

"大家安静,接下来大家互相分享一下当时的感受,以及这次活动你收获了什么。"我趁热打铁。

"老师,当我眼睛被捂住,转了五圈时,一下子就没有方向感了,心里无助过、不安过。可是当妈妈温暖的手拉着我时,我突然间什么都不怕了,因为有妈妈在,我相信我能顺利通过。"鹤萌说道。

"扮演盲人的时候,我感觉到自己全身的肌肉都是紧张的,身子向前,生怕被凳子绊倒而出丑。可当儿子柔软温暖的小手抱住了我的胳膊时,我忽然发现儿子长大了,他是我的依靠了。我不仅在游戏中相信我的儿子,以后也会在生活中相信他。以前总以为他还小,以后我会慢慢放手,相信孩子能够做好。"梓裕妈妈分享道。

"妈妈当'盲人'的时候,没想到妈妈比我还笨,战战兢兢的,我拖都拖不动,简直寸步难行。我当时可生气了,后来我认识到自己平时没少让家长生气。是因为我做得不够好,以后我会管好自己,让妈妈少生气。"袁野说。

"同学们,沟通从心开始,从刚才的游戏中,我们懂得要理解和信任,多一分理解,多一分宽容,多一分尊重,亲子关系就会更为和谐,生活处处是阳光与幸福。"

转学风波

离七月份的期末考试还有八天的时间,我和孩子们都在紧张地备战期末考试

周五晚上,雪晴爸爸打来电话:"老师,如果给孩子办转学手续,需要准备什么材料呢?"

"你想什么时候转学?是这几天吗?"我心里一紧。

"不是,老师,我想等孩子考完试之后再转学。"雪睛爸爸顿了顿。

"雪睛爸爸,孩子转学上哪去呢?"我很好奇。

"东北,黑龙江那。"雪睛爸爸说道。

"哦,那一会儿我把咱们学校负责学籍的林老师的电话发给你,你有什么咨询的问题尽管请教他。"我告诉他。

"好的,老师,谢谢哈。"雪睛爸爸放下电话。

雪睛,一个诗意般的名字,一听名字就能感受到她的父母特别爱她。她是一个高高的、瘦瘦的小女孩,皮肤有些黑,牙齿白白的,平时沉默寡言。和孩子接触了9个月的时间,想到不久后她就要离开班级了,我心里有些不舍。

到了周一上午第二节课,一下课有一位年轻的妈妈来到我们班教室门口,穿着白色衬衣,下身穿着白色裤子,戴着墨镜和口罩,不停地往教室里张望,不停地在教室门口徘徊。

我走出教室。"您好,请问您找谁?"

"老师,我是雪睛妈妈,我是来给雪睛办理转学手续。"雪睛妈妈一脸着急。

"什么?雪睛爸爸不是说考完试再转学吗?你怎么这么早就来了?"我有些纳闷。

"嗯……嗯……我今天有时间我就来了。"雪睛妈妈有些答非所问,有些模糊地说道。

我转身回到教室。"梓裕,你知道信息技术林老师在哪个办公室吗?"梓裕点点头。

"那你领着阿姨去找林老师。"雪睛妈妈跟着梓裕走了。

我把雪睛叫到走廊上,轻声问:"雪睛怎么突然想转学了?你不知道,上个周你爸爸告诉我你要转学,老师心里可舍不得你了。"

"老师,我爸爸和妈妈离婚了,我要跟着妈妈上东北去了。"孩子小脸儿皴巴巴的。我摸着她的头发,可怜的孩子!

放学时,我领着孩子们一起朝校外走去。手机又响了,一看熟悉的号码,是雪睛爸爸。

"喂,雪睛爸爸,怎么了?"我心里想是不是又要问转学的事。

"雪睛妈妈今天去办理转学手续了吗？"看来孩子爸爸没有和孩子妈妈沟通。

"来办理了。"我如实告诉他。

"哦，"雪睛爸爸停顿了一会儿，再次问道，"老师，雪睛妈妈有没有告诉你明天孩子就不上学了？"

"没有呀，明天就回东北去啊？雪睛妈妈没说呀。"我惊诧道。

送孩子们安全离开学校，我立即给雪睛妈妈打去了电话，电话响了之后没有人接电话。

晚上放学回家之后，7:30左右我再次打通了雪睛妈妈的电话，这次电话通了。

"雪睛妈妈，明天孩子来学校吗？"我故意问。

"老师，雪睛不去了，我订了明天下午的动车。"雪睛妈妈告诉我。

"哦，那转学手续办好了吗？"我关心地问。

"老师，我们等到了黑龙江之后，马上去办。"雪睛妈妈这样告诉我。

放下电话，我心里真是对雪睛妈妈这种快速转学的行为不能理解。下周一就要进行期末考试，难道就不能等孩子考完试再走吗？就这么心急。

周二晚上打电话给雪睛妈妈，问她到黑龙江了没有，雪睛妈妈告诉快到了，等周三去办转学手续。结果周三催了，没来得及办。等到周四再问的时候，还没有办好。到周五早上的时候，学校也在催我，让我跟家长赶紧落实，结果打电话给雪睛妈妈，她什么也不知道，只知道材料被送到学校了。我又马不停蹄地和黑龙江的学校联系，经过和黑龙江的学校领导沟通之后，学校在网上成功办好了转学手续，然后又和黑龙江教育局沟通，终于办好手续了。想起这几天办转学手续，我前前后后打了40多个电话，好一个虚惊一场，幸亏最后圆满解决。

爱的方便面

萌萌长得高高的,扎着个马尾辫,戴着酷酷的黑框眼镜,那小模样真讨人喜欢。可是上五年级一个月的时间里,她经常不完成作业,问其作业,每次都说放在家里了。她偶尔交一次作业,书写异常潦草,根本看不出是这样一个乖巧的孩子写出来的。后来在和家长沟通中,我了解到萌萌的父母在威海工作,把她留在了乡下的奶奶家里。因为奶奶年纪大,对教育孙女这件事是心有余而力不足,作为父母又是鞭长莫及,所以萌萌就养成了上课不认真听讲、课后不完成作业的坏习惯,学习成绩很差。我苦口婆心地和她谈过几次,但都没有效果。后来不经意的一件事却改变了她……

语文课上,我正声情并茂地讲着课文,同学们也聚精会神地听着。突然萌萌的同桌举手报告:"老师,萌萌在偷吃方便面。"这一句话,犹如向平静的水里投进了一块小石子。全班学生的目光"唰"的一下全投向了她。只见萌萌的脸瞬间红了,她低着头慢慢站了起来,双手不知所措地搓着衣角,准备迎接我暴风骤雨般的批评。我一听同桌的告状,火"蹭"的一下窜上脑门,心想:连幼儿园的小朋友都知道上课不能吃东西,而她作为一个五年级的学生竟敢在课堂上吃东西……我正要发火,突然想起了自己上学的时候,因为地理老师的嘴巴长得特别有意思,一说话就容易引起我走神。每次一上地理课,我都不知道整节课老师讲的什么,只是一个劲儿地盯着老师嘴看。没办法,于是我一上地理课就开始低头吃苹果,正合适苹果偷偷吃完,一节地理课也下课了。难道萌萌不喜欢我的语文课堂?

于是我走到她的面前,心平气和地问:"你在吃方便面吗?不喜欢我的课吗?"她惊恐地看着我,辩解道:"我没吃,我没吃!……我喜欢老师……"事实上她的嘴角还留有方便面。

我摸摸她的头温和地说:"萌萌,你没吃早饭,是吗?"

她先是习惯性地摇了摇头,又好似反应过来又点了点头,赶紧又低下头,不再言语,表示默认。

和她一起上学的伙伴站起来说:"老师,她奶奶这几天生病了,没人给她做饭。她还要起来伺候奶奶、喂鸡。"我心里一惊:多么懂事的孩子啊!我摸着她的头对大家说:"大家看,萌萌是个多么懂事、多么能干的孩子啊!只是我们平时没有发现到她的这些优点。现在我们的同学遇到了困难,我们应该多去关心帮助她。"

下课后,当我把泡好的方便面端到了萌萌的面前时,发现她的桌子上已经摆满了同学送给她的零食。桌子周围一双双期待和关心的眼睛盯着她。萌萌的眼里噙着泪水,哽咽着说:"谢谢老师!谢谢同学们!"

从此,萌萌像换了个人似的,上课认真听讲,课后认真完成作业。每当同学们遇到困难,她总是第一个伸出援助之手。整个班级也形成了一股互帮互助的好风气。

我很庆幸自己当时没有粗暴地责备她,而是静下心来设身处地地进行了换位思考,然后借助她身上的闪光点对全班同学进行了一节教育课,让她感受到了老师和同学们对她的关爱。改变其实就是这么简单。苏霍姆林斯基说过:"没有爱就没有教育。"巴特尔也曾经说过:"教师的爱是滴滴甘露,即使枯萎的心灵也能苏醒;教师的爱是融融春风,即使冰冻了的感情也会消融。"有爱就有温暖,有温暖就有信心,有信心就会改变。

爱,让改变如此简单!爱,是教育的最好方式!

男生女生

会议室里,班主任们正在开会。这时数学老师悄悄走进来,找到我说:"咱们班小翊同学到处跟同班同学说小妮喜欢的男生是小博,说了三次了,小妮同学都气哭了,我教育了小翊同学,可是她不听,下课的时候还是这样说。"我笑着点点头:"好的,我去处理哈!"

放学的时候,小妮同学走到我跟前,眼睛红红的,小声地告诉我这件事,我拍了拍她的肩膀,以示安慰。看着或高或矮,或胖或瘦的孩子们背着书包远去的背影,我也不禁陷入深思:小学四五年级的孩子随着身体的发育,性意识也开始萌动,已经有了异性的区分,知道什么是喜欢,极容易被异性吸引,喜欢上一个人。而且在现在信息发达的情况下,孩子比以前的我们更早接触这些信息和感情。男女生交往确实是一个值得注意的问题。怎么处理这件事呢?

第二天班会课上,我走到班长身边。"梓涵,你的好朋友都有谁呢?"他愣了一下,紧接着罗列了一串名字,有本班的学生姓名,有四年级时好朋友的姓名,还有小区里的朋友。

我又走到一个女生的身旁,"你呢?"说起好朋友的名字时,她的眼睛亮亮的,一串串名字从她的口中嘣哒出来。

"嗯,还有谁想说?"

于是又有几个同学举起手来。

"哎?听了这几位同学的交流,没有交流的同学也想想自己的朋友,你发现了什么?"

同学们思索了一会,举起手来。

"老师,我发现我们男生的朋友都是男生,女生的朋友都是女生。"同学们都笑着看着他。

"的确,我也发现了咱们同学的朋友都是同性,"这时我话锋一转,"那你们有异性朋友吗?"

这时只见有的孩子嘁嘁地笑着,不好意思地俯下了身子;有的孩子仰着身子,歪着脖子,贼头贼脑、幸灾乐祸地看着某一个方向;还有的孩子一脸懵懂地看着我,仿佛在问老师是什么意思。

这时我走到一个同学的身边,问道:"你喜欢什么小动物?"

"我喜欢小猫。"

"为什么?"

"因为它可乖了呀!"

"我喜欢小狗,它通人性,我说什么它好像都能听懂了似的。"

"是呀,我们喜欢小动物,都是因为它们身上有我们喜欢的特点。这就像我们同学们一样,你和喜欢的人做朋友,是因为对方身上也有一些积极的品质吸引了你。"

我走到一位同学面前:"来真情告白说说你朋友身上哪个品质吸引了你?"

"老师,他助人为乐。我有不会的题他总会耐心地教我。"

"你呢?"

"我们都有相同的爱好,都喜欢看书,还喜欢……"

"你瞧,我们可能因为一个人的外表、兴趣爱好相同、成绩优异等等原因而喜欢一个人。同性之间是这样,异性之间又何尝不是这样呢?来,每个同学都来说说咱们班异性身上都有哪些品质吸引了你?"话音一落,有的同学目光就开始扫描班上的异性同学,慢慢地回想着。

这时一位女同学缓缓举起手来:"老师,梓涵班长上课注意力集中,积极发言。"

话音刚落,一位男同学说道:"老师,女同学珈萱书写认真,习作也特别棒!"

…………

慢慢地,同学们放开了原先的羞涩,争先恐后地说着,笑着,听着。

"老师,你小学时有喜欢的异性朋友吗?"刹那间,全班同学的眼睛聚焦在我的身上。

我笑了笑:"那是肯定的啦。老师上小学五年级的时候,数学学得特别不好,我们组长是个男生,每次请教他题时,他都会耐心地教我。你们看,他不仅学习好,而且有耐心,我当时可喜欢他了。无论过去多久,我现在想起他,依然能清晰感受到同学之间那丝丝的温暖。同学们,其实,我们在学生时代喜欢一个人是非常正常的,这种喜欢是一种非常纯洁的美好。"

最后,我给每人发放了一张"朋友圈",让每个同学在中间的圈内写上自己的姓名,在左边的圈里上半部分写出同性朋友的名字,下半部分写出同性朋友的优秀品质,在右边的圈里上半部分写出异性朋友的名字,下半部分写出异性朋友的优秀品质。只见同学们开心地写着,兴奋地交流着。这时,一缕阳光透过窗户照在同学们的课桌上,悄悄映在同学们稚嫩的脸庞……

绘画小插曲

今天周五,是活动课,我带领8个孩子分两组进行团体绘画。

第一步,让每个孩子选择自己喜欢的三支不同颜色的彩笔,在共用的这张纸上,按自己的喜好选择位置,画自己想画的。男生这组比较随性,刚开始都从自己这一角开始画,很快便画满了整张纸。女生这一组相对拘谨,每个孩子都只是在自己这一角画,而且速度也相对慢,所以时间到的时候,有两位女生还没画完。

第二步,向小组其他成员介绍自己的画。我侧重倾听了女生这一组,其中田田的画和她的讲述引起了我的关注。她的画看起来色彩还比较明快。她在自己的一角,画了绿色的叶子、火红的花儿。一棵高大的苹果树,橙色的树干,绿色的树冠,上面结了好多紫色的苹果。看第一眼觉得很舒服,但她说小女巫还没画完,现在只画了头(一个圆圈儿)。经她一讲述,我才发现她画的树被风吹掉了好几片叶子,苹果也掉下来几个。我说:"如果给你足够的时间,让你接着画,你想怎么画?"她说她会让女巫把天空变成黑色,让风使劲刮。这时我观察到,田田的脸色有些沉重和阴郁了,我拍了拍她的后背,告诉她待会儿可以继续画。接着让下一位同学接着讲自己画里的故事。

第三步,让孩子们观察整幅画,看能不能整合成一个主题,讲一个故事,可以把原来的画稍作改动。这时候,另一位女孩儿金金拿起画笔就帮田田把没画完的小女巫改成了一个漂亮的小姑娘。田田看了看金金,把脸埋在胳膊上抽泣起来,抬起头的时候,我们才发现她已经泪流满面。我赶紧请她到沙盘室,想让她摆摆沙盘,宣泄一下压抑的情绪,然后跟她聊一聊。她来到沙盘室,只是坐在角落的小凳子上继续哭,涕泪俱下,不想摆沙盘也不想说话。我陪着她,等她稍微平静后告诉她心理咨询的一些原则,打消她的顾虑。好长时间,我看她情绪稳定了,就问她:"当金金把你的小女巫改成漂亮女孩儿时,你感觉怎么样?"她说:"我非常不高兴,我想画的小女巫骑着小扫帚,头戴魔法帽,手拿魔法棒。""那你能讲讲小女巫的故事吗?"

一听我问她小女巫的事儿,她竟破涕为笑,娓娓讲起画里的故事:"有一天晚上,小女巫和她的妹妹吵架了。小女巫一气之下,刮起大风,她要用她的魔法把天空变成黑色,把树上的苹果和树叶全吹下来,把许愿树上的许愿签也吹下来。如果有人重新挂上去,就再吹下来,总之要把许愿签全吹掉。"(许愿树是本组另一位女孩毛毛画的,她当时讲述的是希望家人能团聚在一起。她的三个舅舅在国外,爸爸也经常出差不在家。)我不确定这个团聚不了的愿望,是不是田田的。她接下来说:"小女巫发了一通脾气之后,感觉自己有点儿过分,毁坏了花草、苹果树,甚至破坏了许愿树。她开始有些后悔了,于是重新施展魔法,让天空变蓝,让花草树木重新焕发生机,让许愿树的许愿签重新挂上去,让伙伴们的愿望都实现。"说完她长舒了一口气。我告诉她,我也感受到她的心情雨过天晴了。

我一开始感觉这个小女巫可能是她的妈妈或者老师,差点犯了先入为主的毛病。听了田田的讲述,我感觉方向好像不对,于是接着了解她的家庭状况。田田家情况比较特殊,他们一家是从南方过来做生意的。家里姐弟四个,姐姐在五年级,妹妹上幼儿园,弟弟最小,跟着妈妈看茶叶店,爸爸在老家做生意,一年难得回来几次。我感觉她打开了心结,接着问:"你愿意告诉我,这几天发生了什么事吗?"她没有了原来的抵触,竹筒倒豆子似的说了起来:"昨晚,妹妹在看电视,姐姐想看喜欢的动画片儿,就商量妹妹用一块儿巧克力换一集动画片。妹妹嫌巧克力小不同意,姐姐很委屈,也很生气,这巧克力是同学给她的,她没舍得吃,妹妹竟然还嫌小!姐姐一气之下,把巧克力使劲儿扔到了地上,关上自己的房门,不理妹妹了,还说再也不想跟妹妹玩儿了。看姐姐生气了,妹妹也觉得不好意思,就把电视调到了姐姐喜欢的动画片儿频道,但姐姐还是不理妹妹。"

听到这儿我才明白,原来作乱的小女巫是田田的姐姐。我又问她:"姐姐妹妹吵架,你当时有什么感受?"她说心里特别不舒服,因为大家都不开心。我又问:"你有没有劝过她们?"田田说:"她们都不听我劝。"我拉住田田的手说:"我知道,你是个善解人意、温柔的小姑娘,你这样做已经很好了。你也别太担心,说不定你还在心情低落,姐姐和妹妹今天已经和好如初了。"田田点了点头,觉得也有这个可能。

我接着问:"田田,想爸爸吗?"田田沉默了一会儿,说:"特别想,爸爸回来得非常少。"我说:"毛毛的爸爸也常出差。爸爸不能常回家,不是不想你们,他得挣钱养家。你能感受到他对你们的爱吗?""嗯,跟爸爸视频电话的时候,爸爸就把我们四个都叫过来说话。""感受到爸爸也想你们了,可以多给他打打电话,让爸爸也感受一下你们的想念。"田田点点头,会心地笑了。

流泪的母爱

深秋的天气更冷了,树叶枯黄了,纷纷扬扬地落在地上。阵阵冷风吹来,整个人不自觉地抖动了几下。我裹紧了风衣,朝瑄妈约定的家访地点走去。

瑄,皮肤有些黝黑,脸上嵌着一双会说话的大眼睛,忽闪忽闪的。刚上五年级时,这个孩子给我留下了深刻的印象。她是在学校午睡的同学,每次起床后,她都把自己的小被子收拾得非常整齐,有条理,然后去座位上拿着一个粉红的小梳妆包。我踮起脚尖,伸长脖子往里瞄了一眼,哟,应有尽有。只见她拉开拉链,从中掏出一把精致的小梳子,又拿出一面小巧的镜子开始一下一下地、心无旁骛地梳着头。真是一个文静、爱美、自理的小姑娘。

后来在一个多月的接触中,我发现这个女孩各方面自理能力特别高,所有的事情都能够有条不紊地完成:她写字漂亮,总是那么端正、工整;安排的班级的其他任务,她总是那样高效、高质完成;习作水平也高出很多同龄的其他孩子。

到了地点,她妈妈早已在车库旁等候。妈妈的皮肤白白净净,一听口音是东北人。和瑄妈聊起孩子在家的事情时,妈妈是满脸的自豪,说姑娘很省心,根本不用她操心。按照瑄的优秀表现来看,我们大约二十分钟家访就结束了,可是我们俩却交流了三个多小时。

只见瑄妈话锋一转,语调怯怯的,好似没了底气,小心翼翼地问我:"老师,我听姑娘说你是心理咨询师,我可以说说我儿子的事吗?"天气越来越冷,我的双脚都冻得已麻木,心里早想飞回家,可是面对这位母亲的恳求,我点了点头。

只见她继续看着我说:"昨天是我三年级儿子的家访,您都不知道,我都没脸和老师说话。他从幼儿园开始就是一个问题孩子,每次我上幼儿园去接他,他每天都是在教室里讲台的地方,别的孩子都是在自己的座位上,唯独他永远在前面。因为他太调皮了,和小朋友们在一起打架,老师上课他就在地上打滚,捣乱,破坏课堂秩序。上小学了,他还是这样,没有一点起色。老师们也没有办法,总是把他放在教室最后一个角落里。孩子现在上课什么也不学,一个字也不写,怪异的行为越来越多。晚上我接他回家,我都没法和他待在一起,把他送回家之后,我得自己出去溜达半个小时才能回家,我实在是无法面对他。"她的话好似激流出闸,一泻而不可收。瑄妈说着说着眼圈渐渐红了,最后无声地哭着。我很理解这位母亲在面对自己孩子出现的种种问题时的那种焦虑、无奈与绝望。

我拍了拍瑄妈的肩膀,无声地给予支持。我让她带儿子每周上学校的心理咨询室去,我和孩子一起做做沙盘,聊聊……瑄妈那红肿的眼睛、苦涩的笑容、感激的神情、疲惫的身影,背后是妈妈对儿子深沉的爱啊!每个孩子都是一个家庭幸福快乐的源泉,每一个孩子都是家庭的希望,我再一次感受到教师就是一个良心活。

一个孩子的成长之路急不得,不论是老师还是家长,千万不要过早对孩子失去信心,孩子未来是可塑造的,只要我们给予孩子信任并且和孩子一起努力,那孩子一定会有进步。每个孩子的潜能都是无穷的,只要父母相信孩子,帮助孩子突破自我,让孩子做最好的自己,孩子就能创造属于自己的奇迹。

惹祸大王

学校操场上刚刚安置了新的体育器材。为了保障学生的安全,学校在班主任群里三令五申一定不能让孩子自己在上面玩耍,除非上体育课有老师在场,而且学校的督导队的同学也会对此进行严格的检查,谁上去了就给班级扣分!课间操升国旗时,德育室对新的体育器材的使用再次进行了强调。

中午一丝风都没有,教室的窗户全部打开,也没有感到丝丝的凉意,不少同学的额间都沁出点滴晶莹的汗珠,有的同学甚至还自制了小折扇子,不停地摇来摇去。

这时袁野同学举手示意,要上厕所。我摆了摆手。他一溜儿小跑朝教室外跑去。

不一会儿,四年级的督导队员来到我班教室,告诉我袁野同学去操场的单杠、双杠上面去玩了。督导队的同学看见了让他下来,他不但不下来,还顶嘴:"我不下来,怎么着!"这小子还扬言:"你要是敢扣我的分,此后这样的事情我还会接二连三地做。"瞧,这小子早把学校和老师的告诫忘到九霄云外去了。

不一会儿,袁野终于回到了教室,走到我面前,低着头告诉我,他给班级扣分了。

"为什么扣分?"

"我看见这些体育器材都是新的,就想玩玩。"他心虚地回答。

每次下课,他都是第一个冲出教室。每每他从教室外面回来,这个手呀闲不住,按一下这个同学的头,摸一下那个同学的头……有一次,"叭"的一声,由于惊吓,一个正在喝水同学的保温瓶掉在地上打碎了!而他却说:"老师,我没有碰他的杯子。"

有一次,我一进教室没看见他,问其他同学,大家都摇摇头。于是我让班长梓裕到操场上去找找,结果 10 分钟过去了,20 分钟过去了,也没有见他回来。梓裕从四楼下去,又从一楼上到四楼,此时已满头大汗,气喘吁吁。接着我又让学习委员芮麟再次出去找,她告诉我操场都找遍了,也没看到他。直到放学时他才从外面慢悠悠地回来,问他哪去了,他说他去乒乓球室看乒乓球队员们打球了！

哎！真是让人哭笑不得。

下午放学时，我送孩子们来到学校门口。我远远地就看见他爸爸来接他。在校门口，他爸爸拉住他的手，俯下身子刚想问问他最近表现得怎么样了，谁知他竟然挣脱了爸爸的手，不顾人行道上的红灯亮着，他就从道路的这边闷着头跑到路的另一边去了。他完全不害怕，殊不知，他的这番操作却让我们心惊胆战，吓破了胆。只听到他爸爸不停地大喊着他的名字。门卫叔叔一看这架势，吓坏了，拿着手里的停车牌，不停地指挥来往的车辆。而在道路另一边的他还在那乐呵呵地向我们做着鬼脸……

像这样类似的事情，真是数不胜数。我也曾为他气过，恼过，烦过，心灰意冷过，可是过后再想想，其实这也正是这孩子的一份纯真。对待这样爱惹祸的孩子，我们要有持之以恒的耐心和爱心。

抗干扰

周一第一节课没有课，我正在办公室批改周末的作业，电脑 QQ 上出现消息，一看是芯遥妈妈发来的："老师，您现在有空吗？"

我用键盘敲了敲："有空。"

"老师，那我给你打电话吧。"消息再从再次从 QQ 上传来。

一会儿，电话就响了，"什么事儿？芯遥妈妈。"

"老师，芯遥上课注意力集中吗？每次写作业她真能磨蹭，写着写着就画个画，一会儿呢再去看个漫画，一会儿呢再抱着玩具熊玩，一会儿还得拿个手机问问其他同学作业，说她记不清了。周末的作业她写了两天，一直到周日晚上才写完，我催促了她很多次，也不管用。"芯遥妈妈说起姑娘的磨蹭，有些无奈，有些咬牙切齿。

"芯遥是在自己卧室写作业吗？"

"是的,老师。"

"那她写作业的书桌上都有什么?"

"好像书桌上有画笔,书架上有书,床上都是玩具……"芯遥妈妈仔细回想着。

我哑声笑了。"这么多干扰的东西,孩子能够聚精会神写作业才怪了,建议你呀,可以把和学习无关的东西放在客厅,等孩子写完作业再去拿。"

芯遥妈妈"哦"了一声,说是试一试。

最好的学习方法,就是能够聚精会神地学习。那么怎样引导孩子平日或者周末能够抗排除干扰,专心学习呢?

下午班会课时间到了,我拿着从数学老师那要来的两份口算题走进教室,见同学们都已坐好,我让孩子们把第一份口算检测题发放下去。

孩子一看蒙了,班会课上语文老师上数学课?靖凯结结巴巴:"老师,您……您给我们上数学课?""数学课"三个字咬得又慢又不可置信。

"怎么啦?我语文老师还上不了数学课?"我打趣道。

"不,不是。"靖凯的头摇得像拨浪鼓似的。

"准备!我开始计时了,5分钟40道题。开始!"一声令下,同学们开始低头飞快地做起来,这时我又打开了班级电脑,做好下一轮活动的准备。

"来,同桌交换批改,一题2.5分。"同桌两人飞快地交换了口算题,认真地对起数来。

"满分的同学举手!"我仔细一数,竟然30多个。

"错一题的同学举手。"有10位同学错了一题,剩下的5位同学错了两题,看来战况还是不错,全班同学则有些沾沾自喜。

接着我又发放了第二张口算检测题。当孩子拿到第二份检测题时,心情宛若跌入谷底。"还要做呀?"

"这次我们还是要在5分钟时间内做出40道题。"说着我点开了电脑上的《猫和老鼠》动画片,跌宕的故事情节瞬间就吸引了同学们的眼球,他们目不转睛地盯着动画片看。

"准备,计时开始!"只见同学们中有自制力强的同学依然能够低头专心地做起来;自制力一般的同学呢,手中的笔的速度就慢下来了;自制力弱的同学则一边做个题,一边还时不时抬头偷瞄一眼动画片。

"时间到!"

"啊?老师,我还没做完呢!"靖凯大惊小怪道。

"没做完的同学举手。"一数下来,竟然有7位同学没做完。

"来,同桌互换,继续批改。"结果这次一波操作下来,全对人数只有10人,错一题的同学达到15人,错两题的同学有5人,错三题以上的同学包括没做完同学达到15人。

我关掉动画片,举起这两张口算题。"同学们,你觉得问题出现在哪里?"芮麟沉思片刻。"老师,我两次虽然全对,但第二次明显速度慢了,因为动画片的声音影响了我的思考,我得反复地读题,才能静下心来思考。"

"其他同学呢,靖凯,你觉得自己为什么没做完?"

"老师,我因为想看动画片的剧情演到哪儿了,没有专心去做。"

"听了这两位同学的分享,大家想想是不是这个原因?"大家都不约而同地点了点头。

"想一想你在写作业时,你最容易受的干扰是什么?"梓裕第一个站了起来回答:"有手机、平板。"

"嗯,除了电子设备还有什么?"

"如果桌面上有漫画书,也是干扰的因素。"制成继续回答。

"还有玩具、零食……"同学们一个个地交流着。

"看吧,写作业时干扰我们注意力的原因真是五花八门啊,那么你是用的什么方法来排除干扰呢?"

"老师,就像第二次比口算比赛时,不管环境如何,我都会自我控制,闹中取静。"同学们纷纷望向芮麟,目光中都是对她的钦佩。

"我觉得可以把干扰自己的东西全部搬走,眼不见,心就静下来了。"芯遥说。

"同学们,抗干扰的方法有很多,我们可以依据自身情况而定。记住,学习要想高效,就必须专注。"

同学们都很认同地点了点头。窗外的风徐徐吹进教室,掀起了桌子上的那两张口算检测题,拂起了同学们的发丝。

作业飞了?

期望是能创造奇迹的。期望能够对人的行为产生巨大的影响,积极的期望促使人们向好的方向发展。因此,要想使一个学生发展得更好,就要对学生持以积极的期待。

有一天早晨我在班检查作业,发现女同学萱的作业不翼而飞,而且本子中间有被撕掉的痕迹。我问全班同学:"谁看见了萱的作业?"结果全班同学一致摇头,表示没看见。于是我就把全班的同学的作业挨个检查,终于在瑶的作业本中找到了。我把瑶叫到前面来,非常生气、声嘶力竭地问:"你撕掉别的同学作业了?"我问了三遍,瑶眼神平静地看着我,否认了三遍。当时我一度怀疑自己批评错了。"那你的作业哪去了?"我又问。"老师,我写了,我也不知道怎么回事。"这时我深吸了一口气,俯下身子,把手放在瑶的肩膀上,"老师知道你是一个自律的孩子,你看,从开学到现在,你每天晚上的作业都能够及时完成,你是不是昨晚发生了什么事呀?能告诉我吗?"这时孩子大哭起来。"老师,我昨晚作业真的写完了,可是让我妹妹给我撕了。"看吧,这个孩子是没交。"老师能够感受到你心里很生气,很委屈,是吧。刚开始我发现你的作业里面是萱同学的作业,没有你的作业,我当时很生气,实在不敢相信这件事情发在你的身上,因为你在老师心目中一直很自律,能按时完成作业。现在老师听了原因之后,我很高兴,因为你能够告诉老师实情,你确实也写作业了。"看到她情绪平复之后,我又接着说:"那你说这件事情怎么解决呢?"这时瑶立刻说:"老师,我今天中午补上去。""嗯,我相信你。以后再有什么心情可以第一时间告诉我吗?"孩子点点头。

这个案例中,我们可以从这个孩子撕别人作业的错误的行为中看见孩子背后的积极行为,那就是她也想完成作业,只是因为一些原因,作业写了而被妹妹给撕了导致无法上交作业。如果我们只是一味地盯着孩子没有交上作业这一错误行为,怒气冲冲地斥责,这种情绪化表达,反而会换来学生漠然的回应,孩子不仅不会认识到自己的错误,还会产生对立情绪。有了这个意识,我及时修复了情绪,调整了策略,运用赢得合作的步骤四部曲:理解,表达出对孩子感受的理解;共情,表达出对孩子的同情;感受,告诉孩子你的感受;问题,让孩子关注于解决问题。这样问题就迎刃而解了。

如果一遇到问题就怒不可遏,用发火、吼叫等方式惩罚孩子,孩子也许会出于害怕,暂时服从你的要求。但这种情绪化的表达很多时候不仅不会让孩子的错误有所改变,甚至会适得其反,反而强化了孩子的错误行为,孩子可能变得变本加厉,想方设法钻空子,以规避惩罚。因此,要多发现孩子错误行为背后的积极行为,要表达情绪,坦诚交流,说出自己真实的感受和期待。

信任和期待具有一种能量,当学生在日常生活中出现不良行为时,我们要从孩子错误的行为中看见其向上的积极行为,需要给予学生关注、尊重、理解并相信每一位学生。他们便感觉获得了社会支持,从而增强了自我价值,变得自信、自尊,获得一种积极向上的动力,并尽力达到我们的期待,改变自己的行为,朝着我们期待的目标持续发展。

我要还回去

今天是星期五,我在济南开会,刚到火车站,手机就响了。一看手机电池只剩下了 5% 的电了,接通电话就听到彤妈气愤地、带着哭腔说:"老师,您看看班级 QQ 群里的信息,有家长说小彤这不好、那不好。刚才孩子也看见信息了,神情一下子就蔫儿了,说活着没什么意思……"我生怕手机没电了,连忙打断彤妈的话,告诉她手机快没电了,等到了动车上我再打回电话。

到了动车上找好座位,正好六点,我插上充电器后开始浏览班级群的信息。起因是一位家长在群里留言问小彤为什么踢他姑娘的肚子。接着下面有家长附和说小彤喜欢动手。了解到大致情况后,我拨回电话给彤妈:"你让小彤接电话。"

"老师。"一听声音就感觉孩子有气无力,低低地应着。

"能和老师说说这是怎么回事儿吗?"

"老师,今天下午第二节课眼保健操做完,我从佳瑶身边经过,差点儿摔了一跤。我转身一看是她的一条腿放在外面的桌子腿上,肯定是她的这条腿差点把我绊倒了,可她竟然不跟我道歉。然后我就用腿去踢她的那条腿,结果我是站着的,她是坐着的,一不小心就踢到她肚子上去了。"小彤带着一丝愤怒,一丝委屈。

"是呀,碰了你还不说对不起,是挺让人生气的。"小彤一听,立刻声音由阴转晴,开心地笑了起来。"老师,我当时特别特别生气,现在已经不生气了。"

挂掉电话,我又打通了另一方家庭的电话,瑶爸接的电话,情绪激动,义愤填膺地说:"毕老师,您说她姑娘踢俺闺女肚子,对方家长还威胁我说她姑娘要是跳楼了,要找我们算账。老师,您说这欺负人的还有理了。

"对,您说得对。那孩子肚子现在还疼吗?有没有去医院去瞧瞧?"我关切地问道。

"现在看暂时不需要,老师。"怒火瞬间熄灭了一大些,他有些平静了。

"那我和孩子能聊聊吗?"只听电话那头,瑶爸叫佳瑶过来接电话。"喂,老师。"佳瑶怯怯的声音响起。

"肚子现在还疼吗?"

"有一点点。"

"嗯,如果不舒服,赶紧告诉爸爸上医院做做检查哈。"

"嗯,好的,老师。"

"能说说当时发生了什么事呢?"

"老师,当时我就坐在位子上,一条腿放在外面的桌腿上,我和前面同学正在说着悄悄话,然后小彤就过来踢了我一脚。"

"哦,你觉得你的腿有没有碰到她身上?"

"没有呀。"

"看看误会就这样发生了。小彤说她经过你那时，你的腿碰了她一下，她险些摔倒，她以为你是故意的，还没说对不起，所以就抬腿想踢你，结果不小心踢到你的肚子上。"我把事实陈述道。

"老师，她没碰到我的腿，当时前面两位同学都看见了，她们可以给我作证。"

佳瑶着急道，生怕我不相信她似的。

"嗯，老师相信你。你看沟通呀，就要把话说明白了，就互相理解了。"挂断电话，我又给小彤打过去，告诉她佳瑶不道歉的原因，她愣愣的不说话。

"喂，喂，小彤在吗？"

"老师，我在想当时我怎么就差点摔倒了。"小彤一脸茫然，嗫嚅道。

"这就叫无巧不成书啊，没事，误会说开了就好了。"

过了一会儿，手机又响了起来，只听见彤妈说："老师，不好意思，因为一个小小的误会，双方家长快动手了，幸亏你从中调解，耽误你这么长时间。"

"行啊，以后有什么事咱们都互相理解，了解清楚当时发生的事实，再想办法解决，先处理好情绪，再解决事情。做一个情绪平和的父母，你的女儿也能跟着学习，学会控制住情绪。"

"好的，老师。"